"My Darling" Dolls

Distributed by Charles Scribner's Sons, New York

"MY DARLING" DOLLS

DOLLS

KÄMMER & REINHARDT, 1927

Edited by Dorothy S. Coleman

The Pyne Press

Princeton

INTRODUCTION

All collectors dream of locating a heretofore unknown contemporary catalog that illustrates examples of their special interests. This dream was realized by doll and toy enthusiasts Margaret and Blair Whitton when they found this comprehensive 1927 manufacturer's catalog for Kämmer & Reinhardt. Through kind permission of the Whittons and the insight of The Pyne Press this important document is now available to all.

The bulk of the catalog deals with the firm's best known product, dolls, but for toy collectors there are data on wooden trains, fire engines, automobiles, etc.

There are many reasons for considering this Kämmer and Reinhardt catalog important, particularly for collectors of dolls and pincushion busts (tea cosy heads). This company is noted for the high caliber of its products and for an unusual variety in its volume of production, the output being handled by special distributors in Europe, North and South America as well as Africa. Practically all the information is given in English as well as German, Spanish and French, thus making this catalog a Rosetta Stone for dolldom. The language applied to dolls often cannot be translated literally, and the true meaning can only be ascertained from a key of this type. For example, it is revealed that the French term *"mignonette"* means simply "little dolls." Part of the doll language is in code, and this catalog helps to provide the meaning for much of the code used by Kämmer & Reinhardt.

This is a particularly valuable company for which to have a catalog because they made entire dolls, dolls' heads, dolls' parts, dressed dolls, large dolls and small dolls, even dolls' house dolls. Their dolls have bisque heads, celluloid heads, rubber heads and several types of composition heads as well as a wide variety of body types. There are dolls of various ethnic groups, flirting-eyed dolls, roguish-eyed dolls and walking dolls. Some of the dolls are types that had been made for many years and others had more recent origins. The many pages of dressed dolls are of great value to students of dolls in original clothes.

The firm of Kämmer & Reinhardt was founded in 1886 in Waltershausen, Thuringia, Germany, by Ernst Kämmer and Franz Reinhardt. Reinhardt was twenty-eight years old at the time and Kämmer was much older since he had "extreme age" when he died in 1901. Later Karl Krauser and Gottlieb Nussle appear to have joined the firm. Patricia Schoonmaker has published most of the material contained in a pamphlet issued by this company on the twenty-fifth anniversary of its founding. This pamphlet states, "Kämmer was credited with many firsts: putting in teeth, oval wooden joints, stiff joints in which there was little separation when the doll was placed in sitting position, wooden character heads, bathing dolls with moveable arms, and eyelashes." Although Kämmer was an expert modeler and creator, allegedly only one model doll was made until the character dolls began to be produced in 1909. The firm is most famous for its character dolls.

At the Chicago World's Columbian Exposition in 1893 Kämmer & Reinhardt had an exhibit of their dolls. In 1895 they began to use their famous K & R star trademark. This trademark was registered in the United States in 1913. Their principal distributor in America prior to World War I was Geo. Borgfeldt & Co. of New York City. Many of the dolls handled by Borgfeldt were designed by American artists and produced in Germany by various firms. It is not known whether any of the Kämmer & Reinhardt dolls were among those made from American designs. In 1910, Strobel & Wilken Co. of New York City also handled Kämmer & Reinhardt dolls. *The Ladies' Home Journal* in 1912 published patterns for making dolls' clothes and the dolls pictured wearing these clothes are recognizable Kämmer & Reinhardt dolls.

Kämmer & Reinhardt bought the Handwerck factory sometime after the death of Heinrich Handwerck in 1902. This 1927 catalog states that they were successors of Simon & Halbig. A large number of the Kämmer & Reinhardt bisque heads were made in the Simon & Halbig porcelain factory. Their celluloid heads were made chiefly by Rheinische Gummi und Celluloid Fabrik Co. The mohair that was used by Kämmer & Reinhardt for wigs and the elastic used for stringing came from England. This catalog also shows that besides Bing in New York City, they had fifteen other distributors in leading cities all over the world where permanent sample rooms could be visited. At the 1937 Paris Exhibition Kämmer & Reinhardt won honorable mention. In 1939, they were included in White's list published in *How Not to Buy Nazi*. Their advertisements were still found in 1940, but the firm appears to have dissolved during World War II.

This catalog mentions only the "My Darling" and "Naughty" lines of dolls. They had made "My Darling" dolls since 1901 and "Naughty" dolls since 1919. Other early lines made by Kämmer & Reinhardt include "Royal," "Playmates" and "Majestic."

One of the great challenges of a catalog is to discover the meaning of the code for identification of items. Each company seems to have its own code and even the code for a given company often varies over a period of time. A little progress has been made in cracking these codes, but so far it is still very limited and much remains to be learned if only the code could be read. Thanks to Patricia Schoonmaker it has already been discovered that for Kämmer & Reinhardt the 100 series represents socket heads, the 200 series represents shoulder heads and the 700 series represents celluloid heads. Whatever our deductions may be there always seem to be bothersome rare exceptions that prove the theories are not 100 per cent correct.

Based on the sample provided by this catalog, it appears that the combined units and tens digits stand for mold numbers. The following mold numbers have molded hair: 15, 27, 35, 65, 70, 71 and 73. Wigs are used on mold numbers: 03, 17, 22, 26, 28, 31, 35, 48, 50, 51, 52, 55, 56, 73, 85, 86, 87, and 88, as well as 09, 10, and 11 which also have "goo-goo" eyes. The hundreds' digits stand for various types of heads as follows:

1. bisque socket heads
2. shoulder heads of various material, except for socket head Negro and mulatto babies
3. bisque socket heads
4. heads having eyelashes
5. Negro heads or "goo-goo" heads called "grotesque"
6. mulatto heads
7. celluloid heads, except for bisque-headed walking dolls

8. rubber heads
9. composition heads including some rubber ones

The thousands and ten thousands digits represent body types. This explains why there are usually only three digits incised on the heads since a given type of head can be and often is used with various types of bodies. The body types appear to be as follows:

1. jointed composition body, no knee joint, molded shoes, except for "goo-goo"-eyed dolls
2. jointed composition baby body that can stand, no knee joints
3. jointed composition body, no knee joints, different type from above
4. jointed composition bent-limb baby body
5. Negro baby
6. mulatto heads
7. celluloid body, except for two-jointed composition bodies
8. soft-stuffed baby body
14. new jointed composition body, joint above knee
16. soft-stuffed standing body
17. celluloid standing body

The code numbers under the dressed dolls do not fit into the above tables and present even greater problems in deciphering. All crocheted outfits have the number 13/—, but not all the 13/—'s are crocheted outfits. Some of the Paris models of clothes seem to be 16/— or 15/— but this does not always hold true.

The letter "M" preceding a number indicates that the head is made of a composition material that Kämmer & Reinhardt called "Miblu." Most of the letters that follow the numbers indicate the style of the wig. The letters "Glatt" mean without a wig. "Sch." means roguish eyes and "Ma" means mama voice. "Pl." means a wig of mohair plush. "C" means celluloid hands or it can mean a type of wig. "Oss" means without shoes and stockings. Most of the dolls came with a chemise, shoes and stockings, and many of them have extremely large silk bows of ribbon on the hair. These bows came ready-tied but could be "delivered separately when thus prescribed by the customs authorities."

Some collectors will be amazed to find their dolls shown in a 1927 catalog, because they believe their dolls to be considerably older. A catalog of this type simply shows what dolls were available in a given year. It is possible and even probable that some of these dolls had been made for many years. The same is true for some of the shoes shown herein, but most of the other clothes represent new or relatively recent fashions. It is difficult to conceive of any collector of antique dolls and toys who would not be able to find something of interest in this catalog. The doll-collecting world is indebted to the Whittons for sharing this treasure with us.

Dorothy S. Coleman
1972

KÄMMER & REINHARDT A.G.

WALTERSHAUSEN i. THÜR.

Fabrik der Puppen „Mein Liebling"

Alleinige Inhaberin der
Porzellanfabrik Simon & Halbig

K. & R.

Postscheck-Konto: Amt Erfurt No. 1462

Bankverbindung: Commerz- und Privatbank Aktien-
gesellschaft, Zweigstelle Waltershausen i. Thür.

Hofbankhaus Max Mueller, Waltershausen i. Thür.

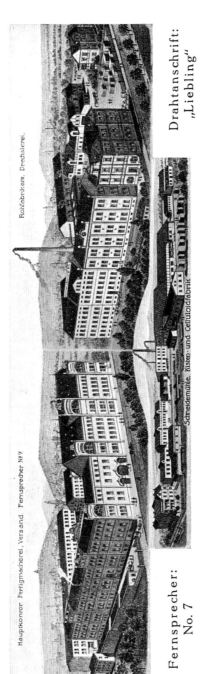

Hauptkontor Fertigmacherei, Versand Fernsprecher №7

Rohfabrikate, Drechslerei.

Schneidemühle, Kisten- und Celluloidfabrik

Fernsprecher:
No. 7

Drahtanschrift:
„Liebling"

Zur Messe in Leipzig: „Concentrahaus", Petersstraße 26, V. Obergeschoß

STÄNDIGE MUSTERLAGER IN:

Amsterdam: A. A. van der Kolk, Singel 316

Barcelona: Juan Windisch, Calle Paris 169 bis

Berlin: Concentra A.-G. SW. 68, Kochstraße 57/58

Hamburg: Concentra A.-G., Mönckebergstraße 9

Nürnberg: Concentra A.-G., Blumenstraße 16

Kopenhagen: Dittmann & Holm, Udenl/A.B., Bredgade 25E

Mailand: Hiller & Frank, Via Torino N. 68

Prag: Glaser & Klein, Vodickowa ulice cis 39

Lissabon: Correia & Valente, Rua Dos Sapateiros 91

Zürich: Concentra A.-G., Loewenstraße 35

Alexandrien: Cohn & Stiasny, Rue Nubar Pacha 18

New-York: The Bing Corporation, Union Square 33—37,
E 17th. Street

Mexico: Don José Regensburger y Cia., Apartado 73/87

Havanna: Reis y Cia. S. En. C. Villegas 110, Apartado 2035

Buenos Aires: Juan Korth y Cia., Tucuman 732

Santiago de Chile: Bähre & Bremer, Carilla 3769

„DER UNART" Was ist das für eine Neuheit?

«LA MALCRIADA» Que clase de novedad es esa?

"NAUGHTY DOLLY" Where is the novelty?

«AIR FRIPON» Quelle nouveauté?

„DER UNART". Durch eine einfache Einrichtung fällt selbsttätig durch Drehen des Kopfes oder der ganzen Puppe nach rechts ein Stift vor, der das Schließen des Auges hemmt, auch beim Hinlegen der Puppe.

Erst durch Drehen nach links fällt der Stift ebenso selbsttätig in seine alte Lage zurück, die Puppe schläft wieder, ist nicht mehr „unartig", ist wieder „artig" geworden.

» LA MALCRIADA». Por una sencilla combinación, al girar la cabeza o toda la muñeca hacia la derecha automáticamente se adelanta un perno que evita el cierre de los ojos, aun acostando la muñeca.

Sólo al girar hacia la izquierda automáticamente vuele el perno a su posición anterior, y la muñeca se duerme, ya no es «malcriada» sino «buena niña».

"NAUGHTY DOLLY". By means of a simple device a pin falls automatically when the head or the whole doll is turned to the right, preventing the eye from closing, even when the doll is laid down.

Not until the doll is turned to the left does the pin return automatically to its original position, when it again falls asleep and is no longer "naughty" but "good".

«AIR FRIPON». Au moyen d'un simple arrangement, quand on tourne à droit la tête ou la poupée entière, une pointe tombe automatiquement et empêche les yeux de se fermer; ceci se produit également quand on couche la poupée.

Ce n'est qu'en tournant la poupée à gauche que la pointe reprend de nouveau automatiquement son ancienne place. La poupée dort alors à nouveau, n'a plus l'«air fripon», mais est de nouveau «gentille».

DR. TRENKLER & CO. A.-G., LEIPZIG-ST.

Mein Lieblings-Baby „Der Unart"

Mi Lieblings-Bebé «La Malcriada» — My Darling's Baby "Naughty" — Mon bébé chéri «Air fripon»

Der ganzen Welt erstes und schönstes Baby. Von Allen kopiert, von Keinem erreicht.
El Bebé mejor y más lindo de todo el mundo, imitado por todos, pero jamás igualado.
The best and prettiest baby in the world, copied by all, equalled by none.
Le premier et le plus beau bébé de tout le monde, copié partout, mais pas égalé.

Epochemachende Neuheit: „Liebling lernt laufen". — **Novedad que hace época: «Mi Liebling aprende andar».**
An epoch-making novelty: "Our Darling learns to walk". — **Nouveauté faisant époque: «Ma Chérie apprend à marcher».**

Bild No. 1	Número de ilustracióna 1	Illustration No. 1	Illustration No. 1
mit feinstem Biskuitkopf, Schlafaugen, Wimpern oder lebenden Schelmaugen, ab Größe 35 einschließlich „Der Unart" beweglicher Zunge, Frisur aus bestem englischen Angora-Mohair.	con cabeza de finísima porcelana, ojos de dormir pestañas o ojos vivos de picaro, desde el tamaño de 35 cm incl. «La malcriada», lengua movible, cabellera del mejor moer de Angora inglés.	with best biscuit head, sleeping eyes, eye lashes or lifelike roguish eyes. Sizes over 35 cm include "Naughty dolly" movable tongue best English Angora mohair wig.	avec tête en biscuit de première qualité, yeux dormeurs, cils ou yeux vivants et malicieux. A partir de la grosseur de 35 cm «Air fripon» langue mouvante et perruque du meilleur mohair Angora anglais.

Alle Babies der vorstehend aufgeführten Nummer 1 können nicht nur, wie bisher, sitzen und liegen, „sondern auch stehen".
Epochemachende Neuheit unseres Hauses.

Todos los bébés del número 1 anotado arriba no sólo son pora sentar y acostarse, como hasta ahora, sino tambien «para pararse».
Novedad de nuestra Casa que hace época.

The babies of the above number 1, can not only sit and lie down as hitherto but can also stand.
An epoch-making novelty of our firm.

Tous les bébés du numéro 1 indiqué ci dessus peuvent non seulement comme jusqu'à présent s'asseoir et se coucher, mais aussi « se tenir debout ».
Nouveauté faisant époque de notre maison.

Nur bester englischer Gummi wird in unserer Fabrikation ausschließlich verwendet.
En nuestra fabricación se emplea exclusivamente el mejor caucho inglés.
None but the best English rubber is used in the manufacture of our articles.
Pour notre fabrication nous employons exclusivement le meilleur caoutchouc anglais.

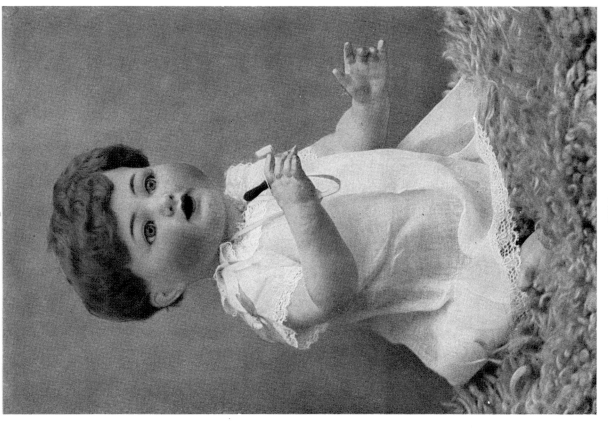

Mi Lieblings-Bebé «La malcriada» — My Darling's-Baby "Naughty" — Mon bébé chéri «Air fripon»

2

1

2126 Sch   2126 Sch Ma

4126
4126 Ma

„Liebling lernt laufen". Neuheit, geschützt.
«Mi Liebling aprende andar». Novedad, modelo registrado.
"Our Darling learns to walk". Novelty, protected.
«Ma Chéri apprend à marcher». Nouveauté, protégée par la loi.

Mein Lieblings-Baby „Der Unart" — My Darling's Baby "Naughty" — Mon bébé chéri «Air fripon»
Mi Lieblings-Bebé «La malcriada»

Der ganzen Welt erstes und schönstes Baby, von Allen kopiert, von Keinem erreicht.
El Bebé mejor y más lindo de todo el mundo, imitado por todos, pero jamás igualado.
The best and prettiest baby in the world, copied by all, equalled by none.
Le premier et le plus beau bébé de tout le monde, copié partout, mais pas égalé.

Deutsch

Bild No. **2, 3, 4, 5, 6.** Mit feinstem Biskuitkopf, Schlafaugen, Wimpern oder lebenden Schelmaugen, ab Größe 35 einschließl. „Der Unart" bewegl. Zunge, Frisur aus bestem englischen Angora-Mohair. *(No. 6 mit Mohairplüschperücke.)*

Bild No. **7.** „Me Lie Ba" mit unzerbrechlichem Kopf, besonders preiswerte Serie, haltbar. Mattlackierte Köpfe mit Schlafaugen und Wimpern.

Bild No. **8 und 9.** Voll-Biskuitkopf mit gemalten Haaren, Schlafaugen mit Wimpern, beweglicher Zunge ohne Unart.

Bild No. **10.** Mit feinstem mattlackierten Celluloidkopf, eigenes Modell eigener Herstellung, Schlafaugen mit Wimpern, beweglicher Zunge, Frisur aus bestem englischen Angora-Mohair.

Neuheit: Baby, Bild 10, auch lieferbar mit wachsartigen, entzückenden Miblu-Celluloidköpfen eigener Modelle und lebenden Schelmaugen, Mamastimme. (Artikel 21728)

Bild No. **11 und 12.** „Mein Lieblingsbaby", ganz aus Celluloid, stark und haltbar. Alles in eigener Fabrikation hergestellt.

Bild No. **11.** Voll-Celluloidkopf mit gemalten Haaren, gemalten Augen, beweglicher Zunge.

Bild No. **12.** Mit Schlafaugen mit Wimpern, beweglicher Zunge, Frisur aus bestem englischen Angora-Mohair.

Neuheit: Auch lieferbar mit den neuen, wachsartigen Miblu-Celluloidköpfen. (Artikel 71728)

Español

Número de ilustración **2, 3, 4, 5, 6.** Con cabeza de finísima porcelana, ojos de dormir pestañas y ojos vivos de pícaro, desde el tamaño de 35 cm incl. «La malcriada», lengua movible, cabellera del mejor moer de Angora inglés. *(Número 6 con peinado de moer felpa.)*

Número de ilustración **7.** «Me Lie Ba» con cabeza inrompible, bébé de sentarse. Serie especialmente comoda en precio. Cabezas durables barnizadas de mate con ojos de dormir pestañas y lengua movible.

Número de ilustración **8 y 9.** Cabeza entera de porcelana con el pelo pintado, sin «La malcriada».

Número de ilustración **10.** Con finísima cabeza de celuloide, barnizada de mate, ojos de dormir, pestañas lengua movible, cabellera del mejor moer de Angora inglés. Todo de nuestra fabricación.

Novedad: Baby, Ilustración 10, también puede suministrarse con encantadoras cabezas de celon como de cera, y ojos vivos de pícaro. (Artículo 21728)

Número de ilustración **11 y 12.** Mi «Lieblings Bebé» todo de celuloide. Todo de nuestra fabricación. Fuerte y duradero.

Número de ilustración **11.** Con cabeza de celuloide, cabellos y ojos pintados lengua movible.

Número de ilustración **12.** Con ojos de dormir con pestañas, lengua movible, cabellera del mejor moer de Angora inglés.

Novedad: También puede suministrarse con nuevos cabezas de celón heads como de cera. (Artículo 71728)

English

Illustration No. **2, 3, 4, 5, 6.** With best biscuit head, sleeping eyes, eye lashes or life-like roguish eyes. Sizes over 35 cm include "Naughty dolly" movable tongue best English Angora mohair wig. *(No. 6 with wig of mohair plush.)*

Illustration No. **7.** "Me Lie Ba" Sitting baby with unbreakable head, durable dull varnished heads and sleeping eyes, eye lashes, movable tongue. Bargain series.

Illustration No. **8 and 9.** Complete biscuit head with painted hair, not including "Naughty dolly".

Illustration No. **10.** With finest dull varnished celluloid head, sleeping eyes, eye lashes movable tongue, wig of best English Angora mohair. All our own make.

Novelty: Baby, Illustration No. 10, delivered also with charming waxy cellon heads and life-like roguish eyes. (Article 21728)

Illustration No. **11 and 12.** "My Darling's Baby" entirely of celluloid, strong and durable. All our own make.

Illustration No. **11.** Celluloid head painted hair and eyes, movable tongue.

Illustration No. **12.** With sleeping eyes and eye lashes movable tongue best English Angora mohair wig.

Novelty: Delivered also with the new charming waxy cellon heads. (Article 71728)

Français

Illustration No. **2, 3, 4, 5, 6.** Avec tête en biscuit de première qualité, yeux dormeurs, cils ou yeux vivants et malicieux. A partir de la grosseur de 35 cm « Air fripon » langue mouvante et perruque du meilleur mohair Angora anglais. *(No. 6 avec perruque de peluche.)*

Illustration No. **7.** « Me Lie Ba » Bébé s'asseyant avec tête incassable durable laquée mat, avec yeux et langue mouvante et cils. Série particulièrement avantageuse.

Illustration No. **8 et 9.** Tête complète en biscuit avec cheveux peints, sans « Air fripon ».

Illustration No. **10.** Avec tête en celluloid laqué mat de première qualité, cils, langue mouvante, perruque du meilleur mohair Angora anglais. Le tout de notre fabrication.

Nouveauté: Bébé, Illustration No. 10, livrable également avec magnifiques têtes en cellon ceracé yeux vivants et malicieux. (Article 21728)

Illustration No. **11 et 12.** Mon bébé chéri, tout en celluloid. Le tout de notre fabrication fort et durable.

Illustration No. **11.** Tête en celluloid cheveux et yeux peints langue mouvante.

Illustration No. **12.** Yeux dormeurs avec cils, langue mouvante, perruque du meilleur mohair Angora anglais.

Nouveauté: Livrable également avec les magnifiques nouvelles têtes en cellon ceracé. (Article 71728)

Nur bester englischer Gummi wird in unserer Fabrikation ausschließlich verwendet. — En nuestra fabricación se emplea exclusivamente el mejor caucho inglés.
None but the best English rubber is used in the manufacture of our articles. — Pour notre fabrication nous employons exclusivement le meilleur caoutchouc anglais.

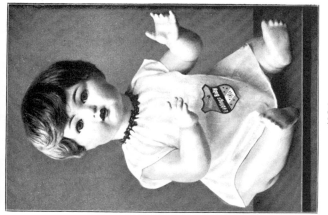

4926
4926 Ma
12

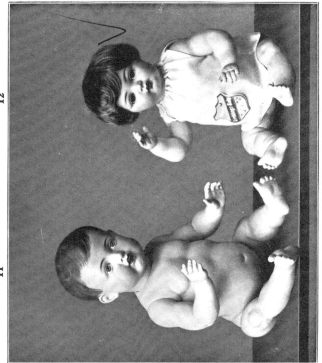

7728
71728

7727

4126 Sch X
4126 Sch X Ma

4126 Sch W
4126 Sch W Ma
10

4126 Sch Pl
4126 Sch Pl Ma
11

4728
4728 Ma
21728 Ma

Preisliste Seite 1 bis 4

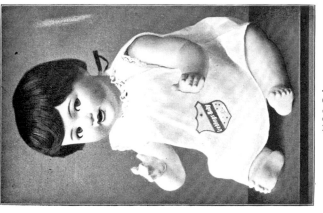

4126 Sch
4126 Sch Ma
8

9

2173

4127
4127 Ma

Bild Nr. 13. Mulatten-Baby (Mein Lieblings-Baby), Sitzbaby. Größe 17 bis 30 mit Krauselhaar, Größe 35-63 mit Kraushaar-Locken, Biskuitkopf, Schlafaugen ohne Wimpern.

Bild Nr. 14. 6252. Mulatten-Baby, Sitzbaby mit Rassekopf. Größe 28-30 mit Krauselhaar, Größe 35-51 mit Kraushaar-Locken, Biskuitkopf, Schlafaugen ohne Wimpern. 5252. Schwarzes Neger-Baby, Sitzbaby mit Rassekopf. Größe 28-30 mit Krauselhaar, Größe 35-51 mit Kraushaar-Locken, Biskuitkopf, Schlafaugen ohne Wimpern.

Bild No. 15. 6952. Mulatten-Baby, Sitzbaby mit Rassekopf. Größe 28-30 mit Krauselhaar, Größe 35-51 mit Kraushaar-Locken, unzerbrechlicher Kopf, Schlafaugen ohne Wimpern. 5952. Schwarzes Neger-Baby, Sitzbaby mit Rassekopf. Größe 28-30 mit Krauselhaar, Größe 35-51 mit Kraushaar-Locken, unzerbrechlicher Kopf, Schlafaugen ohne Wimpern.

Bild No. 16. Weichgestopftes, formenschönes Sitzbaby. Gummikopf mit gemalten Augen, Gummiarme, keine Stimme, Frisur aus bestem englischen Angora-Mohair.

Bild No. 17. Sitzbaby mit Gummikopf und Gummiarmen, Körper aus bester Pappe, Beine aus Papiermaché, Mamastimme, gemalte Augen und Haare.

Bild No. 18. Weichgestopftes, formenschönes Sitzbaby. Zelluloidkopf mit Schlafaugen, bewegl. Zunge, Frisur aus bestem englischen Angora-Mohair, Zelluloid-Arme.

Bild No. 19, 20, 21. Unsere kleine Mammy, Wickelkind (Neugeborenes Baby) mit gemaltem Haar und Schlafaugen. 8173 C. Letztes Modell. Alle drei Babies werden auch mit Frisur geliefert.

Bild No. 22. Me-Lie-Ba. Unser neues Sonder-Baby 1926, Serienfabrikation und doch beste Qualität. Glänzend eingeführt und ausverkauft. Preiswerteste Serie für Ausland und Übersee, feiner Simon & Halbig-Biskuitkopf, Schlafaugen m. Wimpern, bewegl. Zunge, Frisur aus gut. Angora-Mohair, Batisthemd.

Número de ilustración 13. Bebé mulato, de sentarse, tamaño 17-30 con pelo crespo, tamaño 35-63 con rizos de pelo crespo, cabeza de porcelana, ojos de dormir sin pestañas.

Número de ilustración 14. 6252. Bebé mulato, de sentarse, con cabeza de raza, tamaño 28-30 con pelo crespo, tamaño 35-51 con rizos de pelo crespo, cabeza de porcelana, ojos de dormir sin pestañas. 5252. Bebé negrito, de sentarse, con cabeza de raza, tamaño 28-30 con pelo crespo, tamaño 35-51 con rizos de pelo crespo, cabeza de porcelana, ojos de dormir sin pestañas.

Número de ilustración 15. 6952. Bebé mulato, de sentarse, con cabeza de raza, tamaño 28-30 con pelo crespo, tamaño 35-51 con rizos de pelo crespo, cabeza irrompible, ojos de dormir sin pestañas. 5952. Bebé negrito, de sentarse, con cabeza de raza, tamaño 28-30 con pelo crespo, tamaño 35-51 con rizos de pelo crespo, cabeza irrompible, ojos de dormir sin pestañas.

Número de ilustración 16. Bebé de sentarse, de bonita forma y relleno blando, con cabeza de caucho con ojos pintados, brazos de caucho sin voz, peinado del mejor moer de Angora inglés.

Número de ilustración 17. Bebé de sentarse con cabeza y brazos de caucho, cuerpo del mejor cartón, piernas de pasta de papel, voz de mama, ojos pintados y pelo pintado.

Número de ilustración 18. Bebé de sentarse de bonita forma y relleno blando, con cabeza de celuloide y ojos de dormir, lengua movible, peinado del mejor moer de Angora inglés, brazos de celuloide.

Números de ilustración 19, 20, 21. Nuestra pequeño Mammy, criatura en mantillas «Bebé recien nacido» con pelo pintado y ojos de dormir, 8173 C último modelo. Los tres bebés se suministran también con peinado.

Número de ilustración 22. Me-Lie-Ba, nuestro nuevo bebé especial 1926. Fabricación en series pero sin embargo de la mejor calidad, de brillante aceptación y salida. La serie más cómoda en precio para el estranjero y ultramar. Fina cabeza de porcelana Simon & Halbig, ojos de dormir con pestañas, lengua movible, peinado de buen moer de Angora, camisa de batista.

Illustration No. 13. Mulatto Baby "My Darling Baby". Sitting Baby. Sizes 17 to 30 with curly hair, sizes 35 to 63 with curly locks, biscuit head, sleeping eyes without eyelashes.

Illustration No. 14. 6252. Mulatto Baby, sitting baby with racial head. Sizes 28 to 30 with curly hair, sizes 35 to 51 with curly locks, biscuit head, sleeping eyes without eyelashes. 5252. Negro Baby, sitting baby with racial head. Sizes 28 to 30 with curly hair, sizes 35 to 51 with curly locks, biscuit head, sleeping eyes without eyelashes.

Illustration No. 15. 6952. Mulatto Baby, sitting baby with racial head. Sizes 28 to 30 with curly hair, sizes 35 to 51 with curly locks, unbreakable head, sleeping eyes without eyelashes. 5952. Negro Baby, sitting baby with racial head. Sizes 28 to 30 with curly hair, sizes 35 to 51 with curly locks, unbreakable head, sleeping eyes without eyelashes.

Illustration No. 16. Soft stuffed sitting babies, well formed. Rubber head with painted eyes, rubber arms, no voice. Wig of best English Angora mohair.

Illustration No. 17. Sitting Baby with rubber head and arms, body of best cardboard, legs of papier maché, painted eyes and hair, says "Mama".

Illustration No. 18. Soft stuffed sitting baby, well formed. Celluloid head with sleeping eyes, movable tongue, wig of best English Angora mohair, celluloid arms.

Illustrations No. 19, 20, 21. Our Little Mammy, Baby Doll, New-born Baby with painted hair and sleeping eyes. 8173 C. Latest model. All three babies can also be delivered with wigs.

Illustration No. 22. Me-Lie-Ba, our new special baby for 1926. Bulk article and yet the best quality. Remarkably well introduced and large numbers sold. Best bargain series for abroad and overseas. Fine Simon & Halbig biscuit head, sleeping eyes with eyelashes, movable tongue, wig of good Angora mohair, cambric chemise.

Illustration No. 13. Créole bébé «Mon Bébé chéri» Bébé s'asseyant. Grandeur 17-30 avec cheveux crépus, grandeurs 35-63 avec boucles crépues, tête biscuit, yeux dormeurs sans cils.

Illustration No. 14. 6252. Créole bébé, bébé s'asseyant, avec tête de race. Grandeurs 28-30 avec cheveux crépus, grandeurs 35-51 avec boucles crépues, tête biscuit, yeux dormeurs sans cils. 5252. Négrillon, bébé s'asseyant, avec tête de race. Grandeurs 28-30 avec cheveux crépus, grandeurs 35-51 avec boucles crépues, tête biscuit, yeux dormeurs sans cils.

Illustration No. 15. 6952. Créole bébé, bébé s'asseyant, avec tête de race. Grandeurs 28-30 avec cheveux crépus, grandeurs 35-51 avec boucles crépues, tête incassable, yeux dormeurs sans cils. 5952. Négrillon, bébé s'asseyant, avec tête de race. Grandeurs 28-30 avec cheveux crépus, Grandeurs 35-51 avec boucles crépues, tête incassable, yeux dormeurs sans cils.

Illustration No. 16. Bébé s'asseyant, corps de femme, en pattes. Tête et bras en caoutchouc, yeux peintes sans voix. Perruque en meilleur mohair Angora anglais.

Illustration No. 17. Bébé s'asseyant avec tête et bras en caoutchouc, tronc en meilleur carton, jambes en papier mâché, avec voix maman, yeux et cheveux peints.

Illustration No. 18. Bébé s'asseyant, corps de femme. Tête en celluloid avec yeux dormeurs, langue mouvante, perruque en meilleur mohair Angora anglais, bras en celluloid.

Illustrations No. 19, 20, 21. Notre petite Mammy, Poupon «Bébé nouveau-né» avec cheveux peints et yeux dormeurs. 8173 C modèle le plus récent! Ces trois bébés peuvent être livrés aussi avec perruques.

Illustration No. 22. Me-Li-Ba, Notre nouveau Bébé Spécial de 1926. Fabrication en masse, mais toutefois de meilleure qualité. Introduit avec beaucoup de succès et bien vendu. Série très avantageuse pour l'étranger et outre-mer. Fine tête de biscuit de Simon & Halbig, yeux dormeurs avec cils, langue mouvante. Coiffure en bon mohair Angora, chemise de batiste.

13 14 15

6626 — 6252 / 5252 — 5952 / 6952

16 17 18

8835 J — 4835 — 8728

19 20 21

8171 D — 8170 — 8173 C

22

22
22 Ma
22 Sch Ma

Preisliste Seite 5 bis 7

Bild No. **23**. Mein Lieblings-Baby mit Gummikopf und Gummiarmen. Frisur aus bestem, englischem Angora-Mohair, gemalte Augen, Mama-Stimme, Pappe-Körper, Papiermaché-Beine. Fabr.-No. 4835 J.

Bild No. **23**. Wird auch als „Liebling lernt laufen" angefertigt, kann dann auch stehen, sonst alles wie vorher.

Número de illustración **23**. Mi bebé favorito con cabeza y brazos de caucho. Peinado del mejor moer de Angora inglés, ojos pintados, voz de mamá, cuerpo de cartón y piernas de pasta de papel No. de fabricación 4835 J.

Número de illustración **23**. También se fabrica como « Mi Liebling aprende andar », entonces también puede pararse, en lo demás como el anterior.

Illustration No. **23**. My Darling Baby with head and arms of rubber. Wig of best English Angora mohair, painted eyes, says "Mama", cardboard body, papier maché legs. Maker's No. 4835 J.

Illustration No. **23**. Is also made as "Darling learns to walk", can then also stand, otherwise as above.

Illustration No. **23**. Mon Bébé chéri avec tête et bras en caoutchouc. Perruque en meilleur mohair Angora anglais, yeux peints, voix maman, tronc en carton, jambes en papier mâché. Fabr.-No. 4835 J.

Illustration No. **23**. Est fabriquée aussi comme « Ma Chérie apprend à marcher » peut alors se tenir debout, en outre tout comme ci-dessus.

„Mein Liebling". Unser Zelluloidkind, eigene Herstellung. — « Mi Liebling », nuestro niño de celuloide de propia fabricación. — "My Darling". Our celluloid child, our own make. — « Mon Chéri ». Notre enfant en celluloid de notre fabrication.

Feingliedrige, reizend modellierte Puppe. Arme und Beine bewegl., drehbarer, auf das feinste mattlackierter Kopf mit Schlafaugen und Wimpern. Frisuren aus bestem engl. Angora Mohair, in feinen Batisthemden.

Reizende, geschützte Neuheit! Die gleiche Puppe in Größe 46, aber mit beweglichem Kniegelenk, in Vorbereitung, lieferbar ab April 1927.

Alle unsere Zelluloidkinder werden auch mit den entzückenden „Miblu"-Köpfen und lebenden Augen oder lebenden Schelmaugen geliefert.

Fabrik-No. 171728, 171717 und 171728 Sch, 171717 Sch, Bild No. 24-26 und 28-31.

Nur No. 17715, Bild No. 27 wird ohne Hemd als Bade- und Kleinkinder-Puppe und nur mit gemalten Haaren und gemalten Augen geliefert.

Muñeca bien modelada de finos miembros, brazos y piernas movibles, cabeza girable con barnizado mate del más fino, con ojos de dormir y pestañas. Peinados del mejor moer de Angora inglés, con fina camisa de batista.

Preciosa novedad, registrada! La misma muñeca en tamaño 46, pero con rodilla movible de articulación, en preparación, suministrable desde abril de 1927 en adelante.

Todos nuestros niños de celuloide se suministran también con encantadoras cabezas « miblu » y ojos vivos o vivos ojos de pícaro.

Nos. de fabricación 171728, 171717 y 171728 Sch, 171717 Sch, grabados Nos. 24 a 26 y 28-31.

Solo No. 17715, grabado No. 27 se suministra sin camisa como muñeca de baño y para niñitas chiquitas y sólo con pelo y ojos pintados.

Beautifully modelled doll with fine limbs. Arms and legs movable. Best dull varnished socket head with sleeping eyes and eye lashes. Wig of best English Angora mohair. Dressed in fine cambric chemise.

Charming protected novelty! The same doll in size 46, but with movable knee joints. In course of preparation. Ready for delivery from April 1927 onward.

All our celluloid children can be delivered also with the charming. "Miblu" heads and lifelike eyes or lifelike roguish eyes.

Maker's No. 171728, 171717 and 171728 Sch, 171717 Sch, Illustrations No. 24 to 26 and 28 to 31.

Only No. 17715, Illustration No. 27, is delivered without chemise as bath doll and for little children, and only with painted hair and painted eyes.

Membres gracieux, poupée de forme charmante, bras et jambes mouvants. Tête tournante, laquée mate supérieure, avec yeux dormeurs et cils. Coiffure en meilleur mohair Angora anglais, jolie chemise de batiste.

Nouveauté charmante et protégée. Même poupée en grandeur 46, mais avec articulation du genou, en préparation, livrable à partir d'avril 1927.

Tous nos bébés en celluloid sont également livrés avec mignonnes têtes en « Miblu » et yeux vifs ou yeux vifs et malicieux.

Fabr.-No. 171728, 171717 et 171728 Sch, 171717 Sch, Illustrations No. 24-26 et 28-31.

Seulement le No. 17715, Illustration No. 27, est livrable sans chemise, comme poupée de bain ou comme poupée destinée aux petits enfants et seulement avec cheveux et yeux peints.

Nur bester englischer Gummi wird in unserer Fabrikation ausschließlich verwendet. — En nuestra fabricación se emplea exclusivamente el mejor caucho inglés. — None but the best English rubber is used in the manufacture of our articles. — Pour notre fabrication nous employons exclusivement le meilleur caoutchouc anglais.

9

27

17715

31

17717 X

26

17717 W

30

17717 C

25

17728 J

29

17717 J

24

17728 X

28

17717 N

Preisliste Seite 8

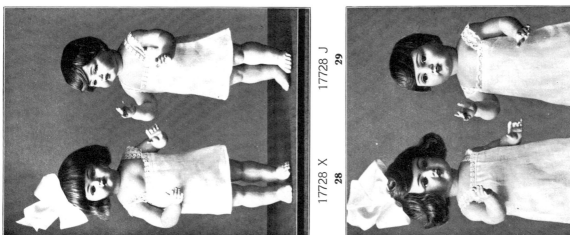

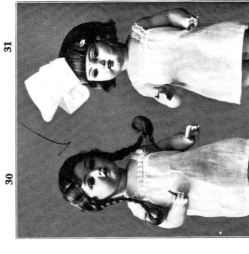

23

2835 J

Liebling lernt laufen.
Mi amorcito aprende andar.
Our Darling learns to walk.
Ma Chérie apprend à marcher.

Seite 2

Preisliste

4835 J

Mein Lieblings-Baby.
Mi Lieblings-Bebé.
My Darlings-Baby.
Mon Bébé chéri.

Seite 5

Kleine Puppen — Muñecas pequeñas. — Little dolls. — Mignonettes.

Mein dicker kleiner Liebling. — Mi pequeño gordito Liebling. — My little Darling. — Mon nouveau petit Chéri.

Bild No. 32 u. 33. Mulatten – Neger mit Hemd, Einzelpackung, Schlafaugen.

Bild No. 34. Steifgelenkpuppen, Mulatte in Einzelpackung mit Hemd, Schlafaugen.

Bild No. 35. Steifgelenk-Laufpuppe mit Hemdhöschen, Einzelpackung.

Bild No. 36, 37, 38. Steifgelenkpuppen mit modernen Kniegelenken, mit Hemdhose, Einzelpackung.

Bild 39, 40, 41, 42. Steifgelenkpuppen ohne Hemd, mit Schlafaugen, in Mehrstückpackung,

Größe	12	13	14	17	19	21	23	26	
	2	2	2	1½	½	½	½	⅓	/Dtzd.

im Karton.

Bild No. 43. Mein dicker, kleiner Liebling, mit gemalten Schuhen und Strümpfen, rotes Spielhöschen, Schlafaugen.

Bild No. 44. Mit gemalten Schuhen und Strümpfen, rotes Spielhöschen, Schlafaugen, Groteskepuppe, Schielaugen.

Bild No. 45, 46 u. 47. Mit Hemd oder Hemdhöschen, Schlafaugen.

Bild No. 48 u. 49. Porzellanpüppchen, Einzelpackung, besonders billig, nur so lange Vorrat reicht, da Artikel nicht mehr fabriziert wird. Alle kleinen Puppen tragen feine Simon & Halbig-Porzellanköpfe.

Número de ilustración 32 y 33. Mulatos – Criollos – Negros con camisa, empaque por pieza, ojos de dormir.

Número de ilustración 34. Muñecas de articulación rígida mulato, cada uno en una caja con camisa y ojos de dormir.

Número de ilustración 35. Muñeca de articulación rígida que puede andar, con camisa de calzoncito, empaque por pieza.

Números de ilustración 36, 37, 38. Muñecas de articulación rígida con modernas rodillas articuladas, con camisa de calzoncito, empaque por pieza.

Números de ilustración 39, 40, 41, 42. Muñecas de articulación rígida, sin camisa, con ojos de dormir empaque de varias piezas juntas,

tamaño	12	13	14	17	18	21	23	26	
	2	2	2	1½	½	½	½	⅓	/doc.

en caja de cartón.

Número de ilustración 43. Mi pequeño gordito amorcito con zapatos y medias pintados, calzoncito rojo de jugar, ojos de dormir.

Número de ilustración 44. Con zapatos y medias pintados, calzoncito rojo de jugar, ojos de jugar.

Números de ilustración 45, 46 y 47. Con camisa o camisa de calzoncito, ojos de dormir.

Números de ilustración 48 y 49. Muñequitas de porcelana, empaque por pieza, especialmente baratas, sólo hacta donde alcanza la existencia por ya no fabricarse el artículo. Todas las muñecas pequeñas tienen finas cabezas de porcelana Simon & Halbig.

Illustrations No. 32 and 33. Mulatto – Creole – Negro with chemise, sleeping eyes, packed singly.

Illustration No. 34. Stiff-jointed dolls, Mulatto, packed singly, with chemise and sleeping eyes.

Illustration No. 35. Stiff-jointed walking dolls with combinations, packed singly.

Illustrations No. 36, 37, 38. Stiff-jointed dolls with modern knee joints, with combinations, packed singly.

Illustrations No. 39, 40, 41, 42. Stiff-jointed dolls without chemise, with sleeping eyes, packed several in a box

Size	12	13	14	17	19	21	23	26	
	2	2	2	1½	½	½	½	⅓	/doz.

in cardboard box.

Illustration No. 43. With painted shoes and stockings, red knickerbockers, sleeping eyes.

Illustration No. 44. With painted shoes and stockings, red knickerbockers, sleeping eyes, grotesque doll with flirting eyes.

Illustrations No. 45, 46, and 47. With or without chemise, sleeping eyes.

Illustrations No. 48 and 49. Porcelain dolls, packed singly, particularly cheap, only till present stock cleared as this article is no longer manufactured. All little dolls have fine Simon & Halbig porcelain heads.

Illustrations No. 32 et 33. Créole – Négrillon – avec yeux dormeurs et chemise, boîte par pièce.

Illustration No. 34. Bébés avec articulation simple, créole, yeux dormeurs, chemise, boîte par pièce.

Illustration No. 35. Mignonette marchante, avec articulation simple avec petites combinaisons, boîte par pièce.

Illustrations No. 36, 37, 38. Poupées à articulation simple avec articulation moderne du genou, avec combinaisons, boîte par pièce.

Illustrations No. 39, 40, 41, 42. Poupées à articulation simple, sans chemise, avec yeux dormeurs, bôite par plusieurs pièces,

Grandeur	12	13	14	17	19	21	23	26	
	2	2	2	1½	½	½	½	⅓	/douz.

en carton.

Illustration No. 43. Mon nouveau petit chéri, souliers et bas peints, caleçon rouge, yeux dormeurs.

Illustration No. 44. Souliers et bas peints, caleçon rouge, yeux dormeurs, poupée grotesque, yeux frippons.

Illustrations No. 45, 46 et 47. Avec chemise ou combinaisons, yeux dormeurs.

Illustrations No. 48 et 49. Mignonette en porcelaine, bôite par pièce, très bon marché, stock bientôt épuisé, cet article n'étant plus fabriqué, Toutes les petites poupées sont pourvues de tête fine en porcelaine de la maison Simon & Halbig.

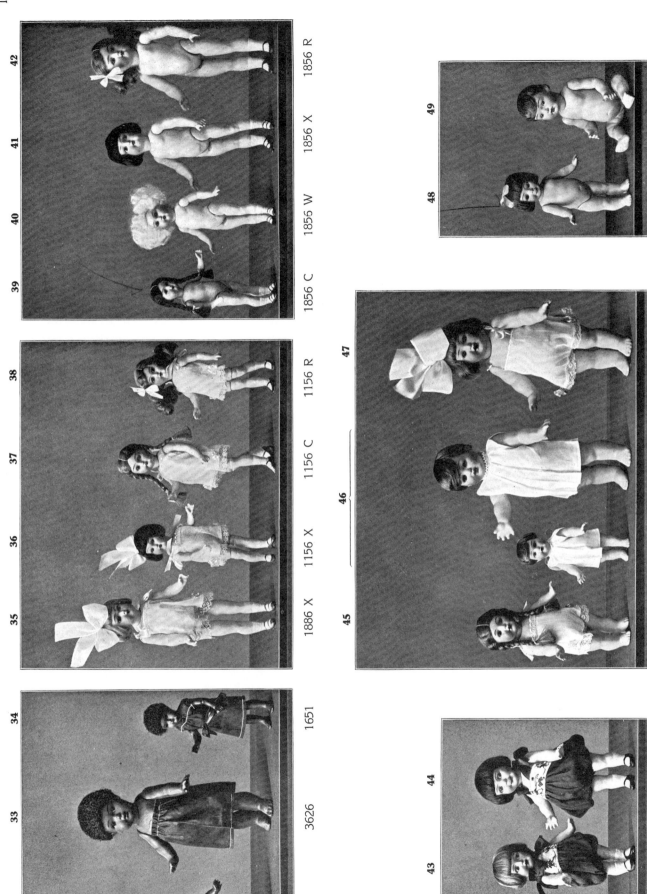

42 41 40 39

1856 R   1856 X   1856 W   1856 C

49   48

1126   2131 X

38   37   36   35

1156 R   1156 C   1156 X   1886 X

47   46   45

3126 X   3126 J   3126 J   3126 C

34   33   32

1651   3626   3526

44   43

3831 X   3826 X

Preisliste Seite 9 und 10

„Mein neuer Liebling". — «Mi nuevo Liebling». — "My New Darling". — «Mon nouveau Chéri».

Eine einzigartige Puppe, neue schlanke Form, neuartige Gliederung. Künstlerische Modelle mit besonders schönen Biskuit-Porzellanköpfen. Wer kennt all die Namen, die nach ihr, bis jetzt schon, kamen? Nachgeahmt, doch nicht erreicht!

Muñeca única de nueva forma esbelta y miembros de nuevo estilo. Modelos artísticos con cabeza de porcelana especialmente bella. Quién conoce todos los nombres de las imitaciones que hasta ahora ya han salido? Imitada pero jamás alcanzada.

A unique doll, new slender form, novel limbs. Artistic model with extra choice biscuit heads. The names of all those that have as yet imitated but not equalled it are legion.

Une poupée unique, nouvelle façon gracile, membres de nouvelle espèce. Modèles artistiques avec têtes en biscuit particulièrement belles. Qui sait tous les noms de ses imitateurs jusqu'à présent? Modèle copié, mais pas égalé.

Bild No. **50, 51, 52.** Mit feinstem, mattlackierten Celluloidköpfen, mit Schlafaugen und Wimpern, auch wachsartigen „Miblu"-Köpfen mit lebenden Schelmaugen, alle mit Gummihänden.

Número de ilustración **50, 51, 52.** Con las cabezas de celuloide más finas, con ojos de dormir y pestañas, también con cabezas de «miblu» con vivos ojos de pícara, todas con manos de caucho.

Illustrations No. **50, 51, 52.** With finest dull-finished celluloid heads, sleeping eyes and eyelashes, also waxy Miblu heads with lifelike roguish eyes, all with rubber hands.

Avec tête en celluloid laqué matte de première qualité, yeux dormeurs et cils, aussi têtes en Miblu céracé, yeux vifs et malicieux, toutes avec mains en caoutchouc.

Bild No. **53.** Die neue billige schlanke Serie 1927. Neu herausgebracht. Feinste Biskuitköpfe. Unzerbrechliche Hände. Schlafaugen mit Wimpern.

Número de ilustración **53.** La nueva serie 1927, esbelta y barata. Nueva producción. Superiores cabezas de porcelana. Manos inrompibles, ojos de dormir con pestañas.

Illustration No. **53.** The new, cheap, slender 1927 Series. Latest novelty. Finest biscuit heads. Unbreakable hands. Sleeping eyes with eyelashes.

Illustration No. **53.** Serie nouvelle et gracile 1927, particulièrement avantageuse. Nouveauté. Têtes en biscuit de première qualité. Mains incassables. Yeux dormeurs avec cils.

Bild No. **54, 55, 56, 57, 58.** Mit allerfeinsten Biskuitköpfen, lebenden Schelmaugen, Gummihänden, feinsten Hemden, großen Seidenschleifen.

Número de ilustración **54, 55, 56, 57, 58.** Con cabeza de porcelana de las más finas, ojos vivos de pícara, manos de caucho, camisas finísimas, grandes lazos de seda.

Illustrations No. **54, 55, 56, 57, 58.** With very finest biscuit heads, lifelike flirting eyes, rubber hands, finest chemise, larke silk bows.

Illustrations No. **54, 55, 56, 57, 58.** Avec têtes en biscuit de première qualité, yeux vifs et malicieux, mains en caoutchouc, chemises de première qualité, grands noeuds en soie.

Bild No. **63.** Mit Gummikopf und Gummihänden, gemalten Augen, sonst wie vorher.

Número de ilustración **63.** Con cabeza y manos de caucho, ojos pintados, en lo demás como el número anterior.

Illustration No. **63.** With rubber head and hands, painted eyes, otherwise as above.

Illustration No. **63.** Avec tête et bras en caoutchouc, yeux peints, en outre comme ci-dessus.

Alle Frisuren in modernster Form aus bestem, englischen Angora-Mohair.

Todos los peinados de la forma más moderna de mejor moer de Angora inglés.

All wigs in latest style, of best English Angora mohair.

Toutes les perruques à la mode, en meilleur mohair Angora anglais.

Weichgestopfte Puppen. Formenschöne, allerbeste Ausfertigung. — Muñecas de relleno blando, de bellas formas y acabado finísimo. — Beautifully formed, very best finish. — Soft stuffed dolls. — Formenschöne, allerbeste Ausfertigung. Beautifully formed, very best finish. — Poupées en pattes. Formes graciles de fabrication supérieure.

Bild No. **59, 60, 61, 65.** Mit Zelluloidkopf und Zelluloidarmen.

Número de ilustración **59, 60, 61, 65.** Con cabeza y brazos de celuloide.

Illustrations No. **59, 60, 61, 65.** With head and arms of celluloid.

Illustrations No. **59, 60, 61, 65.** Avec tête et bras en celluloid.

Bild No. **62.** Mit Gummikopf und Gummiarmen.

Número de ilustración **62.** Con cabeza y brazos de caucho.

Illustration No. **62.** With head and arms of rubber.

Illustration No. **62.** Avec tête et mains en caoutchouc.

Bild No. **64.** Mit Gummikopf und Gummihänden.

Número de ilustración **64.** Con cabeza y brazos de caucho.

Illustration No. **64.** With head and arms of rubber.

Illustration No. **64.** Avec tête et mains en caoutchouc.

Die Puppen der Bilder No. 59, 61 und 65 werden auch mit den neuen „Miblu"-Köpfen und lebenden Schelmaugen geliefert.

Las muñecas de los grabados Nos. 59, 61 y 65 también se suministran con las nuevas cabezas de «miblu» y vivos ojos de pícara.

The dolls shown in illustrations No. 59, 61 and 65 can also be delivered with the new "Miblu" heads and lifelike roguish eyes.

Les poupées des illustrations No. 59, 61 et 65 sont aussi livrables avec les nouvelles têtes «Miblu» et yeux vifs et malicieux.

Alle Frisuren aus bestem englischen Angora-Mohair. Feinste Batisthemden.

Todos los peinados del mejor moer de Angora inglés. Finísimas camisas de batista.

All wigs of the best English Angora mohair. Finest cambric chemises.

Toutes les perruques en meilleur mohair Angora anglais. Chemises en batiste de première qualité.

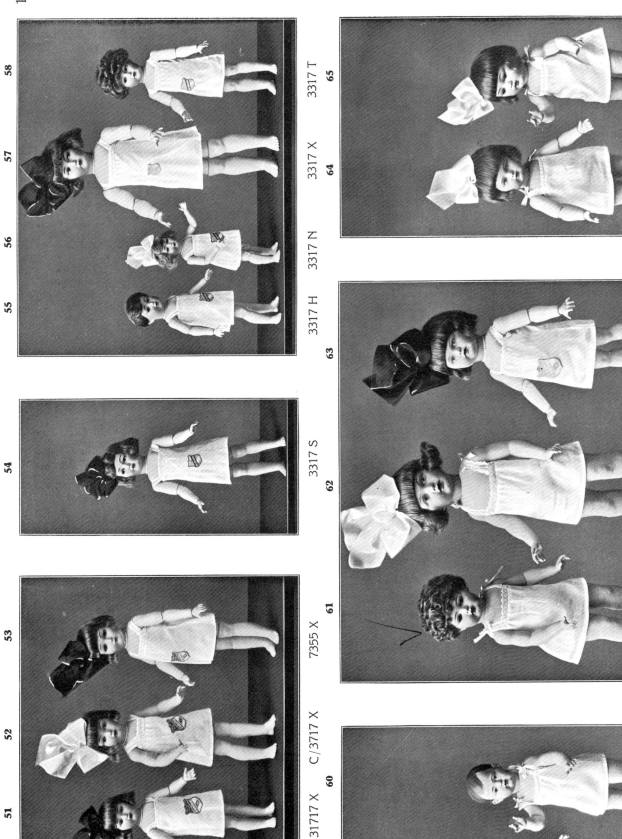

58 **57** **56** **55**

54

53 **52** **51** **50**

65 **64**

63 **62** **61**

60 **59**

3317 T

3317 X

3317 N

3317 H

3317 S

7355 X

C/3717 X

31717 X

3717 N

16728 X
161728 X

16835 X

3835 X

16817 X

16728 W

16715

16717 X
161717 X

Preisliste Seite 11 und 15

„Mein kleiner Liebling". — «Mi pequeño Liebling». — "My little Darling". — «Mon petit Chéri».

Das mollig, drollige Kind von ein bis zwei Jahren. Wird ab 1927 in neuer Form mit schlanken, neugliedrigen Beinen geliefert, wie Bild 69. Besonders Bild 70 zeigt den Unterschied zwischen einst und jetzt.

La criatura gordita y graciosa de uno a dos años. De 1927 en adelante se suministrará con piernas esbeltas de nueva articulación como el grabado 69. Especialmente el grabado 70 demuestra la diferencia entre antes y ahora.

The droll little baby of one to two years. From 1927 onward delivered in new form with slender, new style legs, as shown in Illustration No. 69. In particular illustration No. 70 shows the difference between old and new styles.

L'enfant drôle d'une ou deux années. Livrable à partir de 1927 avec jambes graciles de nouvelle façon, comme illustration No. 69. L'illustration No. 70 indique particulièrement les différences entre l'autrefois et là présent.

Bild No. 66, 67, 68, 69. Mit feinsten Biskuitköpfen, Schlafaugen u. Wimpern oder lebenden Schelmaugen. Ab Größe 40 einschl. „Der Unart".

Bild No. 70. Mit unzerbrechlichen Köpfen, reizendes Modell, haltbar, mattlackiert mit Schlafaugen und Wimpern oder lebenden Schelmaugen, ohne Unart, bewegl. Zunge.

Bild No. 71. Mit feinsten, mattlackierten Zelluloidköpfen, eigenes Modell, eigene Herstellung. Mit Schelmaugen und Wimpern, bewegliche Zunge. Wird auch in einigen Größen mit den neuen, entzückenden wachsartigen „Miblu"-Köpfen mit lebenden Schelmaugen geliefert.

Bild No. 72, 73, 74. Originelle Grotesk-Puppen, lieferbar in zwei Größen mit bunten Kittelkleidern, Schuhen und Strümpfen, Schlafaugen ohne Wimpern.

Bild No. 75, 76, 77. No. 75 und 76 Neger, 76 Negro, Grotesk-Puppe mit Schlafaugen, No. 77 Mulatte.

Números de ilustración 66, 67, 68, 69. Con finísimas cabezas de porcelana, ojos de dormir y pestañas o ojos de pícara. Desde el tamaño 40 inclusive «La malcriada».

Número de ilustración 70. Con cabezas irrompibles, modelo gracioso, de duración, barnizado mate con ojos de dormir y pestañas o ojos vivos de pícara, sin «La malcriada», con lengua movible.

Número de ilustración 71. Con finísimas cabezas de celuloide barnizadas mate. Modelo propio. Con ojos de pícaro y pestañas, lengua movible. En algunos tamaños también pueden suministrarse con las nuevas y encantadoras cabezas de «miblu» que parecen de cera con ojos vivos de pícara.

Números de ilustración 72, 73, 74. Muñecas originales grotescas, suministrables en dos tamaños con camisón de colores, ojos de dormir sin pestañas, zapatos y medias.

Números de ilustración 75, 76, 77. No. 75 y 76 Negro, Muñeco grotesco con ojos de dormir, No. 77 Mulato.

Illustrations No. 66, 67, 68, 69. With finest biscuit heads, sleeping eyes and eyelashes or lifelike roguish eyes. From size 40 including "Naughty Baby".

Illustration No. 70. With unbreakable heads, charming model, durable, dull finish, with sleeping eyes and eyelashes or lifelike flirting eyes, not including "Naughty Baby", movable tongue.

Illustration No. 71. With finest dull finished celluloid heads. Our own model, our own make. With roguish eyes and eyelashes, movable tongue. In a few sizes it is delivered with the charming new waxy "Miblu" heads with lifelike flirting eyes.

Illustrations No. 72, 73, 74. Quaint grotesque dolls, delivered in two sizes with coloured loose frock, shoes and stockings, sleeping eyes without eyelashes.

Illustrations No. 75, 76, 77. No. 75 and 76 Negro, Grotesque doll with sleeping eyes, No. 77 Mulatto.

Illustrations No. 66, 67, 68, 69. Avec têtes en biscuit de première qualité, yeux dormeurs et cils ou yeux vifs et malicieux. A partir de la grosseur 40 aussi «Air fripon».

Illustration No. 70. Avec têtes incassables, modèle charmant et durable, laquées matte, avec yeux dormeurs et cils ou yeux vifs et malicieux, sans «Air fripon», langue mouvante.

Illustration No. 71. Avec têtes en celluloid laqué matte de première qualité. Modèle propre de notre fabrication. Avec yeux vifs et malicieux et avec cils; langue mouvante. Livrable aussi en quelques grosseurs avec les nouvelles têtes charmantes de «Miblu» céracé avec yeux vifs et malicieux.

Illustrations No. 72, 73, 74. Poupées bizarres et grotesques, livrables en deux grosseurs avec souquenille colorée, souliers et bas, yeux dormeurs sans cils.

Illustrations No. 75, 76, 77. No. 75 et 76 Négrillon. Poupée grotesque avec yeux dormeurs, No. 77 Créole.

Die Frisuren sämtlicher Puppen aus bestem, englischem Angora-Mohair. — Los peinados de todas las muñecas son del mejor moer de Angora inglés. The wigs of all dolls are of best English Angora mohair. — Les perruques de toutes les poupées sont en meilleur mohair Angora anglais.

15

71   70

14728 W   14926 X

69

14126 Sch X

68   67   66

14126 J   14126 Sch N   14126 Sch G

77   76   75

14631 X   14531 X   14952 B

74   73   72

1509   1510   1511

Preisliste Seite 16 und 17

„Mein Liebling", die gute Gelenkpuppe. — «Mi Liebling», la buena muñeca de articulación.
"My Darling", the good jointed doll. — «Ma Chéri», la bonne poupée articulée.

Aus bestem Material, Puppe gestanzt oder handgeformt hergestellt. — Del mejor material, la muñeca sacada a prensa o formada a mano.
Of the best material, cardboard stamped out or hand-formed. — Du meilleur materiel, carton estampé ou façoné à la main.

Français

Illustrations No. 78, 80, 81, 82, 83. Avec têtes en biscuit de première qualité, yeux dormeurs et cils.

Illustrations No. 84, 85, 86. Poupées marchantes avec mécanisme de première qualité en fer, tournent la tête à droite et à gauche en marchant. Têtes en biscuit de première qualité, yeux dormeur's et cils.

Illustration No. 87. Poupée marchante avec mécanisme de première qualité en fer, tête en celluloid laqué mat de première qualité, yeux dormeurs avec cils.

Illustration No. 79. Avec têtes en celluloid laqué mat de première qualité.

Toutes les perruques sont en meilleur mohair Angora anglais.

Illustrations No. 90, 91. Me-Lie-Ba, poupée spéciale très bon marché. Tête en biscuit de bonne qualité, yeux dormeurs avec cils, perruque en mohair de première qualité, simple finissage.
Offre particulièrement avantageuse.
Les commandes sur cet article particulier sont à regarder comme prises quand nous les avons confirmées.

«Mon bien Chéri». La même bonne poupée à articulations avec tête en biscuit de meilleure qualité, mais avec yeux vifs et malicieux et tête de jeune fille, voir notre prix courant, page 19.

English

Illustrations No. 78, 80, 81, 82, 83. With finest biscuit heads, sleeping eyes and eyelashes.

Illustrations No. 84, 85, 86. Walking Dolls with prime quality iron mechanism, turn the head to right and left when walking.
Finest biscuit heads, sleeping eyes and eyelashes.

Illustration No. 87. Walking Doll with prime quality iron mechanism finest dull finished celluloid heads, sleeping eyes with eyelashes.

Illustration No. 79. With finest dull finished celluloid heads.

All wigs of best English Angora mohair.

Illustrations No. 90, 91. Me-Lie-Ba, special doll well worth its price. Good biscuit head, sleeping eyes with eyelashes, prime quality mohair wig, simple finish.
A special bargain.
Orders for this special offer are to be regarded as accepted only after confirmation by us.

"My Sweet Little Darling". The same good jointed doll with finest biscuit head, but with lifelike roguish eyes and "young girl" head, see Price-List page 19.

Español

Número de ilustración 78, 80, 81, 82, 83. Con finísimas cabezas de porcelana, ojos de dormir y pestañas.

Número de ilustración 84, 85, 86. Muñecas de andar con mecanismo de hierro de primera, al correr giran la cabeza hacia la derecha y la izquierda. Finísimas cabezas de porcelana, ojos de dormir y pestañas.

Número de ilustración 87. Muñeca de andar con mecanismo de hierro de primera, finísimas cabezas de celuloide de barnizado mate, ojos de dormir con pestañas.

Número de ilustración 79. Con finísimas cabezas de celuloide barnizadas de mate.

Todos los peinados son del mejor moer de Angora inglés.

Número de ilustración 90, 91. Me-Lie-Ba, muñeca especial, muy cómoda en precio. Buena cabeza de porcelana, ojos de dormir con pestañas, peluca superior de moer, presentación sencilla.
Oferta especial muy ventajosa.
Pedidos sobre esta oferta especial no tienen validez hasta que hayan sido confirmados por nosotros.

«Mi dulce Liebling». La misma y buena muñeca de articulación con finísima cabeza pero con vivos ojos de pícara y modelo de cabeza de muchacha joven, véase lista de precios página 19.

Deutsch

Bild No. 78, 80, 81, 82, 83. Mit feinsten Biskuitköpfen, Schlafaugen und Wimpern.

Bild No. 84, 85, 86. Laufpuppen mit Ia Eisenmechanismus, drehen beim Laufen den Kopf nach rechts u. links. Feinste Biskuitköpfe, Schlafaugen und Wimpern.

Bild No. 87. Laufpuppe mit Ia Eisenmechanismus, feinste mattlackierte Zelluloidköpfe, Schlafaugen mit Wimpern.

Bild No. 79. Mit feinsten mattlackierten Zelluloidköpfen.

Alle Frisuren aus bestem englischen Angora-Mohair.

Bild No. 90, 91. Me-Lie-Ba, besonders preiswerte Spezialpuppe. Guter Biskuitkopf, Schlafaugen mit Wimpern, Ia Mohairperücke, einfache Aufmachung.
Vorteilhaftes Sonderangebot.
Aufträge auf dieses Sonderangebot gelten erst dann als angenommen, wenn sie von uns bestätigt sind.

„Mein süßer Liebling". Die gleiche gute Gelenkpuppe mit feinstem Biskuitkopf, aber mit lebenden Schelmaugen und Jungmädchen-Kopfmodell, siehe Preisliste Seite 19.

83   82   81   80   79   78

7155 S   7155 RW   7155 R   7155 X S u. S   7717 X   7155 RL

91   90
Special X   Special R S u. S

89   88
651   150

87   86   85   84
787 X   785 N   785 R   788 X

Preisliste Seite 18 und 19

Puppenköpfe, Frisuren aus bestem englischen Angora-Mohair. — Cabezas de muñecas, Peinados del mejor moer de Angora inglés. — Dolls' Heads, Wigs of best English Angora Mohair. — Têtes de poupées, Coiffures en meilleur mohair Angora anglais.

Reihe (Deutsch)

I. Reihe, **1, 2.** Biskuitbrustköpfe mit Schlafaugen und Wimpern.
3-6. Feinste mattlackierte Zelluloidbrustköpfe aus starkem Material, eigene Fabrikation, Schlafaugen mit Wimpern.
7. Zelluloidbrustkopf mit gemalten Haaren und gemalten Augen.
8, 9. Feinste mattlackierte, unzerbrechl. Brustköpfe mit Schlafaugen und Wimpern.
II. Reihe, **10-17.** Biskuitköpfe für „Mein Lieblings-Baby", „Mein kleiner Liebling", „Mein süßer Liebling", allerfeinstes Biskuitporzellan, Schlafaugen mit Wimpern.
III. Reihe, **18, 19.** Biskuit-Mulatten-Babyköpfe mit Schlafaugen ohne Wimpern.
20-23. Feinste mattlackierte Zelluloidkurbelköpfe.
20. Kopf für Gelenkpuppen u. Zelluloidkinder, Schlafaugen mit Wimpern.
21. Kopf für Zelluloidkind 17715 (Bild No. 27 Seite 9) mit gemalten Haaren und Augen.
22. Kopf für Zelluloidbabies 7727 (Bild No. 11 Seite 5) mit gemalten Haaren und Augen.
23. Kopf für Zelluloidbabies 7728 (Bild No 12 Seite 5) mit Schlafaugen und Wimpern.
24-27. Gummiköpfe für Babies (Bild 16 und 17 Seite 7, Bild 23 Seite 6) und weiche Puppen (Bild 62 u. 64 Seite 13) Gelenkpuppen (Bild 63 Seite 13).
IV. Reihe, **28-31.** Gelenkpuppenköpfe aus feinstem Biskuitporzellan mit Schelmaugen, Puppen der Bilder 54-58 Seite 13, „Mein neuer Liebling".
32-34. Gelenkpuppenköpfe aus feinstem Biskuitporzellan mit Schlafaugen und Wimpern. Puppen der Bilder 53 Seite 13 und 78, 80-86 Seite 17.
35-37. Unzerbrechliche Babyköpfe, mit Schlafaugen u. Wimpern, haltbar, mattlackiert. Puppen der Bilder 7 Seite 5, und 70 Seite 15.
32-34. Diese Köpfe werden in klein für die Steifgelenkpuppen ohne Wimpern geliefert. Puppen 35-42 Seite 11.

Fila (Español)

Ia fila, **1, 2.** Cabezas de busto de porcelana con ojos de dormir y pestañas.
3-6. Finísimas cabezas de busto de celuloide con barnizado mate, de material grueso y de propia fabricación, con ojos de dormir y pestañas.
7. Cabeza de busto de celuloide con pelo pintado y ojos pintados.
8, 9. Finísimas cabezas de busto con barnizado mate, inrompibles, con ojos de dormir y pestañas.
IIa fila **10-17.** Cabezas de porcelana para «Mi bebé favorito», «Mi pequeño Liebling», «Mi dulce Liebling» de la porcelana más fina, con ojos de dormir y pestañas.
IIIa fila, **18, 19.** Cabezas de bebé mulato de porcelana con ojos de dormir sin pestañas.
20-23. Finísimas cabezas movibles de celuloide con barnizado mate.
20. Cabeza para muñecas de articulación y niños de celuloide, con ojos de dormir y pestañas.
21. Cabeza para niño de celuloide 17715 (Imágen No. 27 página 9) con pelo pintado y ojos pintados.
22. Cabeza para bebés de celuloide 7727 (Imágen No. 11 página 5) con pelo pintado y ojos pintados.
23. Cabeza para bebé de celuloide 7728 (Imágen No. 12 página 5) con ojos de dormir y pestañas.
24-27. Cabezas de caucho para bebés (Imágenes 16 y 17 página 7 y imágen 23 página 6) o muñecas blandas (Imágenes 62 y 64 página 13) muñecas de articulación (Imágen 63, página 13).
IVa fila, **28-31.** Cabezas para muñecas de articulación, de la porcelana más fina, con ojos de pícara, muñecas de las imágenes 54-58 página 13, «Mi nuevo Liebling».
32-34. Cabezas para muñecas de articulación de la porcelana más fina, con ojos de dormir y pestañas. Muñecas de las imágenes 53 página 13 y 78, 80-86 página 17.
35-37. Cabezas inrompibles para bebés, con ojos de dormir y pestañas, durables, con barnizado mate. Muñecas de las imágenes 7 página 5, y 70 página 15.
32-34. Estas cabezas se suministran en tamaños pequeños para las muñecas de articulación rígida, sin pestañas. Muñecas 35-42 página 11.

Row (English)

I. Row, **1, 2.** Biscuit shoulder heads with sleeping eyes and eyelashes.
3-6. Finest dull varnished celluloid heads with shoulders, strong material of our own manufacture, sleeping eyes with eyelashes.
7. Celluloid heads with shoulders, with hair and eyes painted.
8, 9. Finest dull varnished unbreakable heads and shoulders, with sleeping eyes and eyelashes.
II. Row, **10-17.** Biscuit heads for "My Darling Baby", "My little Darling", "My sweet little Darling". Very finest quality biscuit porcelain, sleeping eyes with eyelashes.
III. Row, **18, 19.** Biscuit heads for mulatto babies with sleeping eyes without eyelashes.
20-23. Finest dull varnished celluloid socket heads.
20. Head for jointed dolls and celluloid children, sleeping eyes with eyelashes.
21. Head for cellul. child 17715 (Illustr. No. 27 page 9) with painted hair and eyes.
22. Head for celluloid babies 7727 (Illustr. No. 11 page 5) with painted hair and eyes.
23. Head for celluloid babies 7728 (Illustr. No. 12 page 5) with sleeping eyes end eyelashes.
24-27. Rupper heads for babies (Illustr. No. 16 and 17 page 7, Illustr. 23 page 6) and soft stuffed dolls (Illustr. 62 and 63 page 13) jointed dolls (Illustr. 63 page 13).
IV. Row, **28-31.** Heads for jointed dolls, of finest biscuit porcelain with flirting eyes, dolls illustr. 54 to 58 page 13 "My new Darling".
32-34. Heads for jointed dolls, of finest biscuit porcelain with sleeping eyes and eyelashes. Dolls illustr. 53 page 13 and 78, 80-86 page 17.
35-37. Unbreakable babies, heads with sleeping eyes and eyelashes, durable, dull varnished. Dolls of illustr. 7 page 5 and 70 page 15.
32-34. These heads are delivered also in small size without eyelashes, for the stiff-jointed dolls. Dolls 35 to 42 page 11.

Rangée (Français)

1º Rangée, **1, 2.** Têtes en biscuit avec buste avec yeux dormeurs et cils.
3-6. Bustes de meilleur celluloid laqué mat, solide matériel, de notre fabrication, yeux dormeurs avec cils.
7. Bustes en celluloid avec cheveux et yeux peints.
8, 9. Jolies bustes incassables et laqués mat, avec yeux dormeurs et cils.
2º. Rangée, **10-17.** Têtes en biscuit pour «Mon Bébé chéri», «Mon petit Chéri» et «Mon mignon Chéri». Biscuit de première qualité, yeux dormeurs avec cils.
3º. Rangée, **18, 19.** Têtes de bébés créoles en biscuit avec yeux dormeurs sans cils.
20-23. Jolies têtes tournantes en celluloid laqué mat.
20. Tête pour poupées articul. et enfants en celluloid, yeux dormeurs avec cils.
21. Tête pour enfants en celluloid 17715 (Illustr. No. 27 page 9) avec cheveux et yeux peints.
22. Tête pour bébés en celluloid 7727 (Illustr. No. 11 page 5) avec cheveux et yeux peints.
23. Tête pour bébés en celluloid 7728 (Illustr. No. 12 page 5) avec yeux dormeurs et cils.
24-27. Têtes en caoutchouc pour bébés (Illustr. No. 16 et 17 page 7, Illustr. 23 page 6) et poupées en patte (Illustr. No. 62 et 64 page 13) poupées articulées (Illustr. 63 page 13).
4º. Rangée, **28-31.** Têtes pour poupées articulées en biscuit de meilleure qualiét avec yeux malicieux, poupées des Illustr. No. 54-58 page 13 «Mon nouveau Chéri».
32-34. Têtes pour poupées articulées en biscuit de meilleure qualité avec yeux dormeurs et cils. Poupées des Illustr. No. 53 page 13 et No. 78, 80-86 page 17.
35-37. Têtes incassables pour bébés, avec yeux dormeurs et cils, durables, laquées mat. Poupées de Illustr. No. 7 page 5 et No. 70 page 15.
32-34. Ces têtes sont livrées en petits grosseurs sans cils pour les poupées inarticulées. Poupées 35-42 page 11.

248 X   248 N   256 N   256 X   256 R   256 glatt   265   926 N   926 R

126 glatt   126 J   126 X   126 S   126 G Schelm   126 R.N.   173   127

626 B   652 B   747 glatt   715   727   728 glatt   873   835   873 J   817 S

117 glatt   117 S   117 X   117 H   403 glatt   403 R N   403 R   926 glatt   926 X   926 J

Preisliste Seite 20 bis 24

Perücken aller Art. — Pelucas de todas clases. — Wigs of all descriptions. — Perruques de toutes façons.

Unsere sämtlichen Perücken werden schon seit Jahrzehnten in unserem eigenen Betrieb unter bewährtester Leitung hergestellt. Aus hygienischen Gründen sind wir dazu übergegangen, nur noch 1a englisches Angora-Mohair oder Angora-Dauer-Locken (Frisur T) zu verarbeiten. Nach wie vor wird aber auch auf Wunsch Menschenhaar bei den dazu geeigneten Perücken (J und X) ohne Preisaufschlag bei den Puppen geliefert. Perücken J und X allein aus Menschenhaar. Die Frisur R W wird ausschließlich aus Menschenhaar angefertigt.

For some decades past all our wigs have been manufactured in our own works under the supervision of experienced managers. For hygienic reasons we have decided to use only prime quality English Angora mohair or Angora permanent locks (Headdress T). We will, however, continue to deliver, on special request, human hair for wigs for which it is suitable (J and X) without any extra charge, if delivered with the dolls. J and X wigs alone, when of human hair 10% discount. The R W headdress is made exclusively of human hair.

Todas nuestras pelucas se hacen desde decadas en nuestra propia fábrica y bajo gerencia experta. Por razones de higiene hemos pasado a trabajar exclusivamente moer de Angora inglés de primera o rizos durables de Angora (peinado T). Pero ahora como antes suministramos al desearse así pelo humano para las pelucas propias para ello (J y X) sin aumento de precio en las muñecas. Pelucas J y X solas de pelo humano con 10% de descuento. El peinado R W se hace exclusivamente de pelo humano.

Toutes nos perruques proviennent depuis des dizaines d'années de notre propre fabrique sous sévère contrôle. A cause des raisons hygiéniques nous n'employons plus que de mohair Angora anglais de première qualité ou de boucles durables Angora (Coiffure T). Mais pour les perruques propres (J et X) nous livrons encore comme autrement, selon désir, cheveux humains sans augmentation de prix des poupées. Perruques J et X seules en cheveux humains avec 10% de rabais. La coiffure R W est exclusivement fabriquée avec cheveux humains.

Die Perücken werden in zwei Arten angefertigt. — Las pelucas se hacen de dos estilos. — Les perruques sont fabriquées de deux façons. — The wigs are made of two descriptions. —

(Deutsch)

1) Passend für Gelenkpuppenköpfe (Serien 7155, 7117, 7717, 3317, 3355, 7355, 17717, 73917, 16717, 16835).

Auszeichnung nach Puppengröße 7155. Die ungefähren knapp berechneten Zentimeter Kopf-Umfänge jeder Größe sind in der Preisliste angegeben.

Der Kopfumfang wird festgestellt durch Umlegen eines Bandes in gerader Linie um oberen Rand der Ohren und an der am weitesten vorspringenden Stelle der Stirne.

So nach Zentimeter-Umfang bestellte Perücken passen bei uns auf jeden Kopf jeden Fabrikates.

2) Passend für Babyköpfe, auch „Mein kleiner Liebling", „Mein dicker Liebling", (Serien 2126, 4126, 4728, 7728, 4926, 22, 14126, 14728, 14926, 3126).

Auszeichnung nach Babykopfgröße 126. Vorläufig noch mit Doppelzahlen z. B. 6/36' später fallen die unteren Zahlen weg. Auch hier sind die knapp berechneten und nach unten abgerundeten Zentimeter-Kopfumfänge in der Preisliste angegeben.

Um Verwechslungen zu vermeiden, ist bei Bestellung dieser Perücken-Arten die No. 126 mit anzugeben, z. B. J 126/6, X 126/8 usw.

Beim Packen und Lagern leiden am meisten die wertvollen Seidenschleifen, auch werden sie oft von der Kundschaft überhaupt nicht gewünscht. Wir liefern deshalb seit längerer Zeit die meisten Perücken ohne Schleifen, oder die fertig genähten Schleifen separat gepackt und berechnet, fertig zum Anstecken.

(Español)

1) Adaptadas para cabezas de muñecas de articulación (series 7155, 7117, 7717, 3317, 3717, 3355, 17717, 73917, 16717, 16835).

Los precios marcados según el tamaño de muñeca 7155. Las circunferencias de las cabezas de cálculo aproximado y limitado para cualquier tamaño están anotados en la lista de precios en centímetros.

La circunferencia de cabeza se toma colocando una cinta en línea recta en la orilla superior de las orejas y en la parte más saliente de la frente.

Pelucas pedidas de nosotros según circunferencia en cm se adaptan perfectamente a cualquiera cabeza de cualquiera procedencia.

2) Adaptadas para cabezas de bebé, también para „Mi pequeño Liebling", „Mi gordito Liebling", (series 2126, 4126, 4728, 7728, 4926, 22, 14126, 14728, 14926, 3126). Los precios marcados según tamaño de cabeza de bebé 126. Por ahora todavía con números dobles, por ejemplo 6/30' más tarde ya no habrá los números inferiores. También aquí se han anotado en la lista de precio las circunferencias de cabeza de cálculo limitado y redondeado hacia abajo en centímetros.

Para evitar errores debe anotarse en pedidos de estos estilos de pelucas también el No. 126, por ejemplo J 126/6, X 126/8, etc.

Con el empaque y el almacenaje lo que más suele mallratarse son los valiosos lazos de seda, que con frecuencia ni los quiere la clientela. De ahí que hace algún tiempo que suministramos la mayor parte de las pelucas sin lazos o empacamos y cargamos por separado los lazos acabados de coser y listos para prenderlos.

(English)

1) Suitable for jointed dolls' heads (Series 7155, 7117, 7717, 3317, 3717, 3355, 17717, 73917, 16717, 16835).

Marked according to the sizes of doll 7155. The approximate distance round the heads of each size, closely measured in centimetres, is stated in the price-list.

The distance round the head is measured by laying a ribbon straight round, at the height of the upper edge of the ears and over the most protruding portion of the forehead.

Wigs ordered according to the distance in centimetres round the head fit any of our heads of any make.

2) Suitable for babies' heads, also for "My little Darling", "My fat little Darling", (Series 2126, 4126, 4728, 7728, 4926, 22, 14126, 14728, 14926, 3126).

Marked according to baby's head Size 126. At present still with double figures, e. g., 6/36, later on the lower figure will be dropped. Also for these the distances round the head, closely reckoned to the last full centimetre, are given in the price-list.

To prevent mistakes, when ordering these wigs kindly mention the number 126, e. g., J 126/6, X 126/8 etc.

During the packing and warehousing the valuable silk bows suffer most, and sometimes the customers do not even want them. Terefore for some time past we have delivered most wigs without bows, or sent the bows, ready sewn, packed separately and charged for.

(Français)

1) Convenables pour les têtes de poupées articulées (Series 7155, 7117, 7717, 3317, 3355, 7355, 17717, 73917, 16717, 16835).

Indications selon grosseurs de poupées 7155. Les pourtours approximatifs de têtes de chaque grosseur, calculés étroitement en cm, sont indiqués dans le prix-courant.

On détermine le pourtour de la tête au moyen d'un ruban que l'on place en ligne directe autour de la tête à la hauteur du bord extrême supérieur des oreilles et de la partie plus avançante du front.

Les perruques commandées de façon ci-dessus peuvent ainsi convenir exactement à chaque tête de nos fabrications.

2) Convenables pour têtes de bébés, aussi pour «Mon petit Chéri», «Mon Chéri rondelet», (Series 2126, 4126, 4728, 7728, 4926, 22, 14126, 14728, 14926, 3126). Indications selon grosseurs des têtes de bébés 126. Pour le moment encore avec nombres doubles, p. ex. 6/36, plus tard les nombres inférieurs tomberont. Les pourtours de têtes en cm, aussi pour ces perruques, sont étroitement calculés et indiqués dans le prix-courant.

Pour éviter toute erreur on est prié d'indiquer pour la commande de ces sortes de perruques le numero 126, p. ex. J 126/6, X 126/8 etc.

Les rubans précieux en soie ont souvent à souffrir de l'emballage et du rester trop longtemps en magasin; souvent ils ne sont pas du tout demandés par la clientèle. En consequence nous livrons depuis très longtemps la plupart des perruques sans rubans ou les noeuds déjà tout faits séparés, calculés et prêts à être fixés.

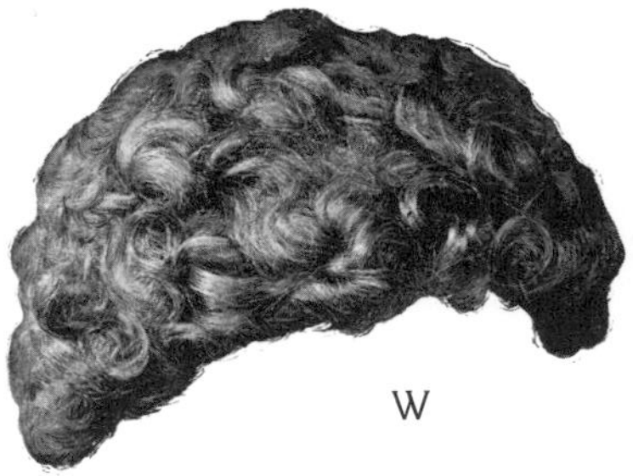

21

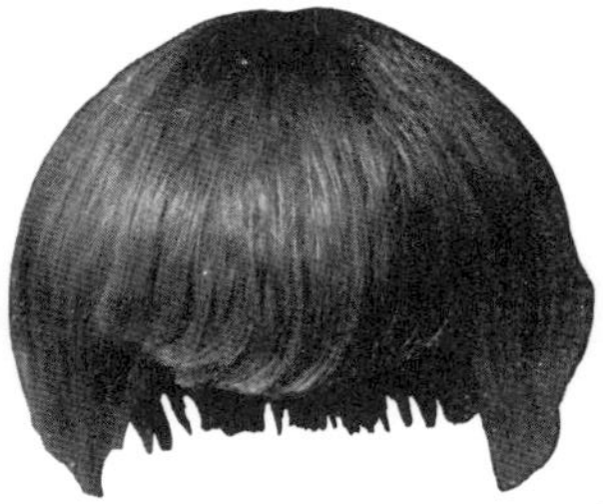

X

T

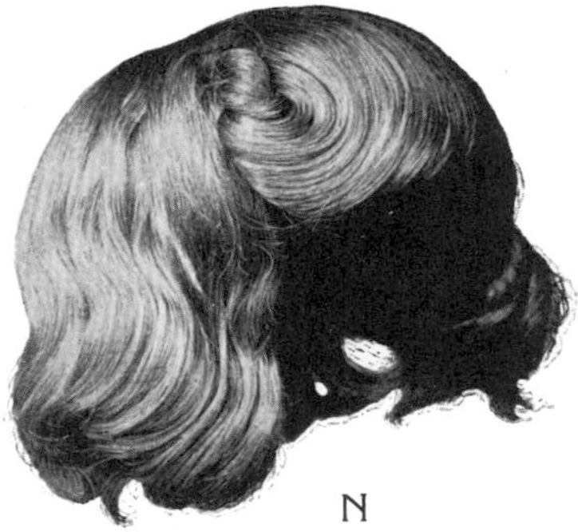

R

N

C

G

B

J

RW

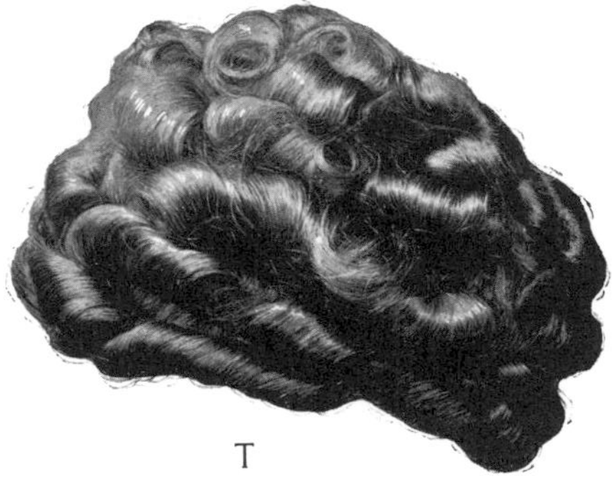

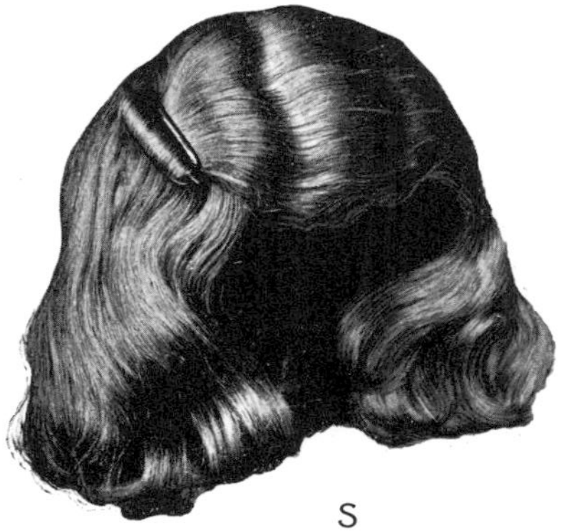

W

RL

S

Preisliste Seite 25 und 26

Ersatz-Reparaturteile aller Art. — Piezas de repuesto y de reparación de todas clases.
Spare Parts of all Descriptions. — Parties de rechange de toutes façons.

[German]

Puppenkliniken in der ganzen Welt gehören zu unseren besten und oft großen Abnehmern.

Jeder Einzelteil unserer so umfangreichen Fabrikation wird deshalb als Ersatzteil geliefert und gibt die nebenstehende Katalogseite 23 einen Einblick in die Vielseitigkeit und gleichzeitig die Begründung unserer dringenden Bitte:

Rechtzeitig im Frühjahr die Ersatzteile zu bestellen.

Berechnung: Körper stets stückweise berechnet, alle anderen Puppenglieder paarweise. Nur die Gelenkarme und Gelenkbeine sind fertig mit Gummi montiert, alle anderen Teile werden ohne Gummi geliefert.

Bei den losen Gelenkteilen werden die Füße und Unterarme mit Knie- bezw. Ellenbogen-Kugeln geliefert.

14000	= Glieder für	„Mein kleiner Liebling".
7000	„ „	„Mein Liebling", „Mein süßer Liebling".
3300	„ „	„Mein neuer Liebling".
4100	„ „	„Mein Lieblings-Baby".
3100	„ „	„Mein dicker Liebling".
1800	„ „	kleine Steifgelenkpuppen.
2100 B	= Beine	„Liebling lernt laufen".
7700	= Glieder	Zelluloidbabies.
17700	„ „	Zelluloidkinder.

[English]

Doll infirmaries all over the world are our best and often our biggest customers.

Each individual part of all our numerous productions is therefore delivered as spare part. The accompanying page 23 of the catalogue gives an insight into the comprehensiveness of this branch and at the same time shows the reason for our earnest request:

Order spare parts early in spring.

Calculation of price: Trunks always price each, all other members per pair. Only the jointed arms and legs are delivered fitted with elastic, all other parts being delivered without.

The feet and lower arms of the loose joints will be delivered with knee and elbow balls respectively.

14000	= Limbs for	"My little Darling".
7000	„ „	"My Darling", "My Sweet Little Darling".
3300	„ „	"My new Darling".
4100	„ „	"My Darling Baby".
3100	„ „	"My fat little Darling".
1800	„ „	little stiff-jointed dolls.
2100 B	= Legs	"Darling learns to walk".
7700	= Limbs	Celluloid babies.
17700	„ „	Celluloid children.

[Spanish]

Las clínicas de muñecas de todo el mundo son de nuestra mejor clientela que con frecuencia hacen compras en gran escala.

Así es que se suministra cada una de las partes sueltas de nuestra amplísima fabricación. La página 23 al frente da una idea de la multiplicidad de partes sueltas y al mismo tiempo las razones de nuestra urgente suplica: **De hacer a buen tiempo, en la primavera, los pedidos de piezas de repuesto.**

Los cuerpos siempre se cargan por piezas, los demás miembros de las muñecas por pares. Sólo los brazos y piernas articulados se suministran ya montados con elástico, las demás partes van sin elástico.

De las partes articuladas sueltas se suministran los piés y los antebrazos con bolas de rodilla o de codo respectivamente.

14000	= Miembros para	«Mi pequeño Liebling».
7000	„ „	«Mi Liebling», «Mi dulce Liebling».
3300	„ „	«Mi nuevo Liebling».
4100	„ „	«Mi bebé favorito».
3100	„ „	«Mi gordito Liebling».
1800	„ „	Muñecas pequeñas de articulación rígida.
2100 B	= Piernas	«Mi Liebling aprende andar».
7700	= Miembros	bebés de celuloide.
17700	„ „	niños de celuloide.

[French]

Les cliniques de poupées dans le mond entier appartiennent à nos meilleurs et souvent à nos plus grands clients.

Chaque petite partie de nos nombreuses fabrications est ainsi livrée comme partie de rechange, et la page en face No. 23 donne une idée de la diversité, et constitue en même temps la raison de notre urgente demande de:

Commander à temps les parties de rechange au printemps.

Calculation: Les troncs toujours par pièce, tous les autres membres par paires. Seulement les bras et les jambes articulés sont finis avec élastique, toutes les autres parties sont livrées sans élastique. Pour ce qui concerne les parties détachées d'articulation, les pieds et les avants-bras sont livrés avec rotule de genou ou de coude.

14000	= Membres pour	« Mon petit Chéri ».
7000	„ „	« Mon Chéri », « Mon mignon Chéri ».
3300	„ „	« Mon nouveau Chéri ».
4100	„ „	« Mon Bébé favori ».
3100	„ „	« Mon petit Chéri rondelet ».
1800	„ „	petites poupées inarticulées.
2100 B	= Jambes	« Chéri apprend à marcher ».
7700	= Membres	bébés en celluloid.
17700	„ „	enfants en celluloid.

Nur bester englischer Gummi wird in unserer Fabrikation ausschließlich verwendet.

None but the best English rubber is used in the manufacture of our articles.

En nuestra fabricación se emplea exclusivamente el mejor caucho inglés.

Pour notre fabrication nous employons exclusivement le meilleur caoutchouc anglais.

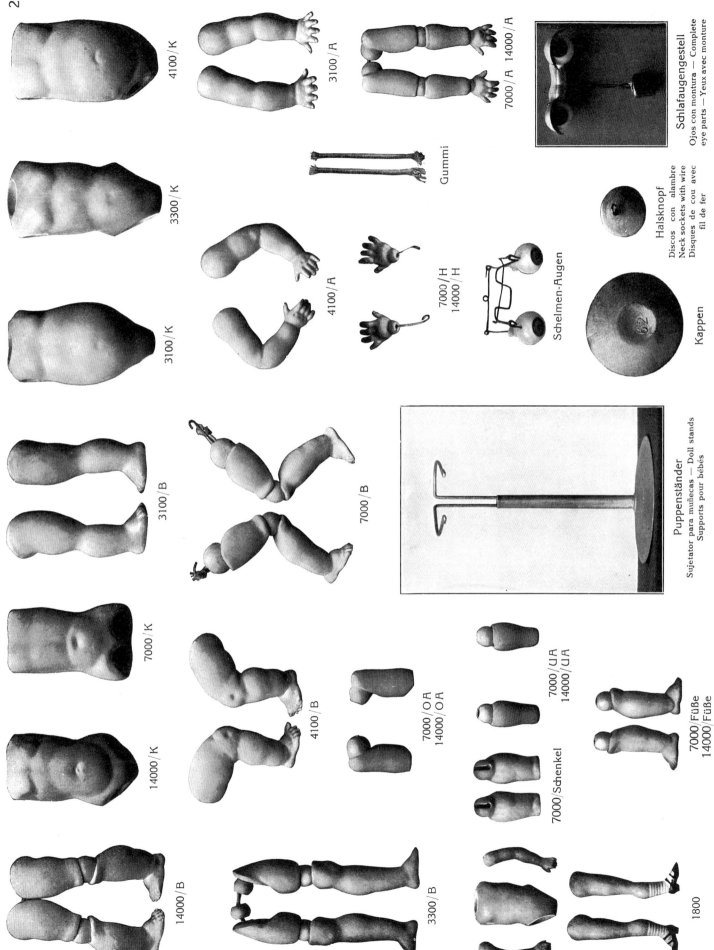

23

4100 / K

3100 / A

7000 / A   14000 / A

Schlafaugengestell
Ojos con montura — Complete
eye parts — Yeux avec monture

3300 / K

Gummi

3100 / K

4100 / A

7000 / H
14000 / H

Schelmen-Augen

Halsknopf
Discos con alambre
Neck sockets with wire
Disques de cou avec
fil de fer

Kappen

3100 / B

7000 / B

Puppenständer
Sujetador para muñecas — Doll stands
Supports pour bébés
Preisliste Seite 27 bis 31

7000 / K

14000 / K

4100 / B

7000 / OA
14000 / OA

7000 / UA
14000 / UA

7000 / Schenkel

7000 / Füße
14000 / Füße

14000 / B

3300 / B

1800

Nach künstlerischen Entwürfen gekleidete Puppen.

Muñecas vestidas según modelos artísticos. — Dolls dressed according to artistic designs.

Poupées en vêtements en dessins artistiques.

Weichgestopfte Puppen mit selbsttätigen Mamastimmen. — Muñecas de relleno blando con automática voz de «Mama». Soft stuffed dolls with automatic voice, saying "mama". — Poupées en patte avec voix «maman» automatique.

Lieferbar in drei Größen ca. 39, 46 und 53 cm hoch. Mit feinsten, haltbar und waschbar gemalten Gummiköpfen eigener Modelle erster Qualität. Gemalte Augen.

Se suministran en tres tamaños, aprox. 39, 46 y 53 cm de alto con finísimas cabezas de goma elástica, pintadas, lavables y durables de nuestros propios modelos y de primera calidad. Ojos pintados.

Delivered in three sizes, abt. 39, 46 and 53 cm high with finest prime quality durable and washable painted rubber heads of our own designs. Painted eyes.

Livrables en trois grandeurs env. de 39, 46 et 53 cm de hauteur avec jolies têtes durables et lavables en caoutchouc de modèles de première qualité. Yeux peints.

Größe 39. Mit mattlackierten Gelenkarmen und Gummihänden.

„ 46 und 53. Mit ganzen, beweglichen Gummiarmen.

Alle drei Größen werden zu gleichen Preisen auch mit Zelluloidarmen, aus eigener Fabrikation und mit den entzückenden „Miblu"-Köpfen unserer Modelle mit lebenden Schelmaugen geliefert.

Als Bezeichnung ist bei Bestellung vor jede Fabrik-No. ein „M" zu setzen, z. B. M/16/908/46.

In Größen 39, 46, 53 werden geliefert: 16/908, 16/907.

In Größen 46 und 53 werden geliefert: 16/909, 16/902.

In Größen 39 und 46 werden geliefert: 16/927, 16/924, 16/922, 16/928.

Tam. 39. Con brazos de barnizado mate y manos de goma elástica.

„ 46 y 53. Con brazos enteros y movibles de goma elástica.

Los tres tamaños se suministran a los mismos precios también con brazos de celuloide de propia fabricación y con encantadoras cabezas de «Miblu» de nuestros propios modelos con ojos vivos de pícara.

En los pedidos debe ponerse como contraseña una «M» delante de cada No. de fabricación, por ejemplo: M/16/908/46.

En los tamaños 39, 46, 53 se suministran: 16/908, 16/907.

En los tamaños 46 y 53 se suministran 16/909, 16/902.

En los tamaños 39 y 46 se suministran: 16/927, 16/924, 16/922, 16/928.

Size 39. With dull varnished jointed arms and rubber hands.

„ 46 and 53 with complete movable rubber arms.

All three sizes are also delivered at the same prices with celluloid arms of our own make and with the charming "Miblu" heads of our design with lifelike roguish eyes.

When ordering please prefix to each factory number an "M", e. g. M/16/908/46.

In sizes 39, 46 and 53 we deliver: 16/908, 16/907.

In sizes 46 and 53 we deliver: 16/909, 16/902.

In sizes 39 and 46 we deliver: 16/927, 16/924, 16/922, 16/928.

Grdr. 39. Avec bras articulés laqués mat et mains en caoutchouc.

„ 46 et 53. Avec bras entièrement en caoutchouc et articulés.

Toutes les trois grosseurs sont également livrables aux mêmes prix avec bras en celluloid de notre fabrication et avec jolies têtes en «Miblu» de nos modèles avec yeux vifs et malicieux.

Lors de la commande il faut préfixer à chaque numéro de fabrique un «M», p. ex. M/16/908/46.

Dans les grandeurs 39, 46 et 53 nous livrons 16/908, 16/907.

Dans les grandeurs 46 et 53 nous livrons 16/909, 16/902.

Dans les grandeurs 39 et 46 nous livrons 16/927, 16/924, 16/922, 16/928.

16/902

16/928

16/909

16/922

16/907

16/924

Preisliste Seite 32

16/908

16/927

Nach künstlerischen Entwürfen gekleidete Puppen. — Muñecas vestidas según modelos artísticos.
Dolls dressed according to artistic designs. — Poupées en vêtements en dessins artistiques.

Obere Reihe: — Fila de arriba: — Top row: — Rangée supérieure:

Weichgestopfte Puppen — Muñecas de relleno blando — Soft stuffed dolls — Poupées en patte

Ca. 39 cm Größe, einfach aber geschmackvoll gekleidet. Mit Mamastimme selbsttätig, mit feinsten mattlackierten Zelluloidköpfen, Schlafaugen und Wimpern, Zelluloidarmen. Ständig neue Muster, die bei Sortimentsbestellung von 10 Stück (8 Mädchen und 2 Jungen) stets mitgeliefert werden.

Tamaño aprox. 39 cm, vestidas sencillamente pero de buen gusto. Con voz automática de «Mama», con finísimas cabezas de celuloide de barnizado mate, ojos de dormir y pestañas. Brazos de celuloide. Siempre nuevas muestras que, al hacerse pedidos de surtidos de 10 piezas, siempre entran en el surtido (8 niñas y 2 niños)

Abt. 39 cm high, simply but tastefully dressed. Saying "mama" automatically, with finest dull varnished celluloid heads, sleeping eyes and eyelashes. Celluloid arms. New patterns constantly appearing, which will always be included in orders for assortments (8 girls and 2 boys).

Env. de 39 cm de grandeur, simplement habillées mais avec goût. Avec voix «maman» automatique, avec jolies têtes en celluloid laqué mat, yeux dormeurs et cils. Bras en celluloid. Nous avons toujours de nouveaux dessins, qui sont livrés lors d'une commande de 10 pièces (8 filles et 2 garçons).

Untere Reihe: — Fila de abajo: — Bottom row: — Rangée inférieure:

Weichgestopfte Puppen mit selbsttätigen Mamastimmen. — Muñecas de relleno blando con voz automática de «Mama».
Soft stuffed dolls saying "Mama" automatically. — Poupées en patte avec voix «maman» automatique.

Lieferbar in drei Größen, ca. 39, 46 und 53 cm hoch. Mit feinsten, haltbar und waschbar gemalten Gummiköpfen eigener Modelle, erste Qualität.

Se suministran en tres tamaños, aprox. 39, 46 y 53 cm de alto con finísimas cabezas de goma elástica, pintadas, lavables y durables de nuestros propios modelos, de primera calidad.

Delivered in three sizes, abt. 39, 46 and 53 cm high. With finest prime quality durable and washable painted rubber heads of our own design.

Livrables en trois grandeurs, env. de 39, 46 et 53 cm de hauteur. Avec jolies têtes durables et lavables en caoutchouc peint de nos modèles de première qualité.

Größe **39**. Mit mattlackierten Gelenkarmen und Gummihänden.

„ **46** und **53**. Mit ganzen, beweglichen Gummiarmen.

Alle drei Größen werden zu gleichen Preisen auch mit Zelluloidarmen aus eigener Fabrikation und mit den entzückenden Mibluköpfen unserer Modelle mit lebenden Schelmaugen geliefert.

Als Bezeichnung ist bei Bestellung vor jede Fabrik-No. ein „M" zu setzen, z. B. M/16/1244/53.

In Größen 36, 46, 53 werden geliefert: 16/1244, 16/1243, 16/1241, 16/1245.

In Größen 46 und 53 werden geliefert: 16/1261.

Nur in Größe 46 werden geliefert: 16/1262, 16/1263.

Size **39**. With dull varnished jointed arms and rubber hands.

„ **46** and **53**. With complete movable rubber arms.

All three sizes are also delivered at the same price with celluloid arms of our own make and with the charming Miblu heads of our design with lifelike flirting eyes.

When ordering please prefix to each factory number an "M", e. g., M/16/1244/53.

In sizes 39, 46, 53 we deliver: 16/1244, 16/1243, 16/1241, 16/1245.

In sizes 46 and 53 we deliver: 16/1261.

In size 46 only we deliver: 16/1263.

Tam. **39**. Con brazos articulados de barnizado mate y nanos de goma elástica.

„ **46** y **53**. Con brazos enteros y movibles de goma elástica.

También se suministran los tres tamaños a los mismos precios con brazos de celuloide de propia fabricación y con las encantadoras cabezas de Miblu de nuestros propios modelos, con ojos vivos de pícara.

En los pedidos debe ponerse como contraseña una «M» delante de cada No. de fabricación, por ejemplo: M/16/1244/53.

En los tamaños 36, 46, 53 se suministran: 16/1244, 16/1243, 16/1241, 16/1245.

En los tamaños 46 y 53 se suministran: 16/1261.

Sólo en el tamaño 46 se suministran: 16/1262, 16/1263.

Grdr. **39**. Avec bras articulés laqués mat et mains en caoutchouc.

„ **46** et **53**. Avec bras entièrement en caoutchouc et articulés.

Toutes les trois grosseurs sont également livrables aux mêmes prix avec bras en celluloid de notre fabrication et avec jolies têtes en «Miblu» de nos modèles avec yeux vifs et malicieux.

Lors de la commande il faut préfixer à chaque numéro de fabrique un «M», p. ex.: M/16/1244/53.

Dans les grandeurs 39, 46, 53 nous livrons 16/1244, 16/1243, 16/1241, 16/1245.

Dans les grandeurs 46 et 53 nous livrons 16/1261.

Seulement dans la grandeur 46 nous livrons 16/1262, 16/1263.

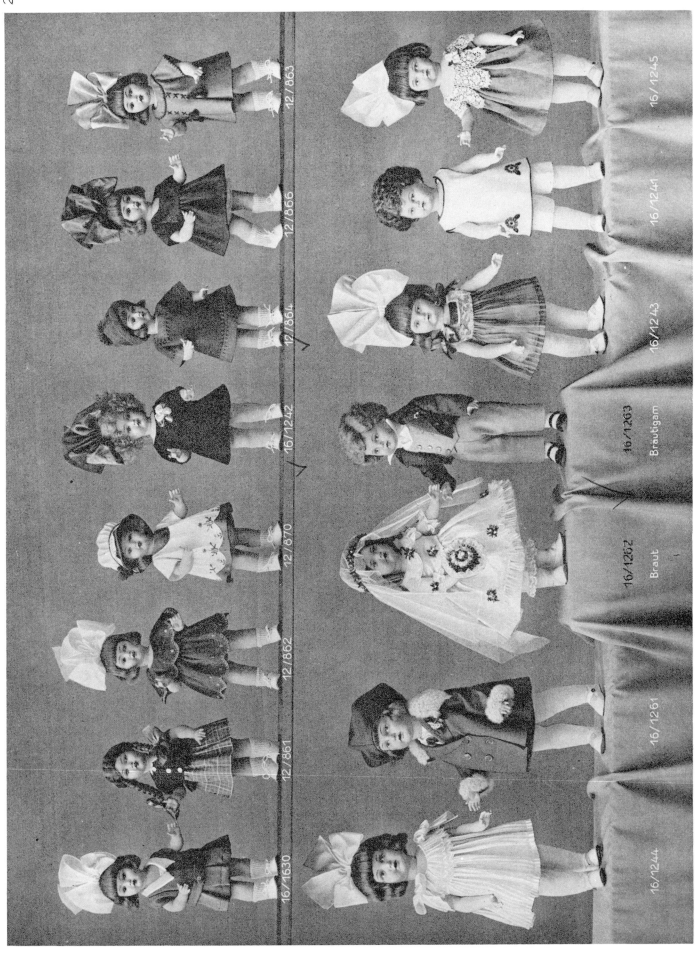

12/863 12/866 12/864 16/1242 12/870 12/862 12/861 16/1630

16/1245 16/1241 16/1243 16/1263 Bräutigam 16/1262 Braut 16/1261 16/1244

Preisliste Seite 32

Nach künstlerischen Entwürfen gekleidete Puppen.

Muñecas vestidas según modelos artísticos. — Dolls dressed according to artistic designs.
Poupées en vêtements en dessins artistiques.

Babies mit lebenden Schelmaugen. — Bebés con ojos vivos de pícaro.
Babies with lifelike roguish eyes. — Bébés avec yeux vifs et malicieux.

From size 35 inclusive automatic voice saying "mama" and "Naughty".

All babies with short dresses (all top row) are delivered in the novelty "Darling learns to walk".

Bottom row only long clothes and "My Darling Baby".
Rich, but a bargain Nos. 11/1, 15/42.
A Special bargain and beautiful 18/R, 13/204, 12/802.

Crocheted wool dresses (short clothes) in all colours a bargain. See price-list.

A partir de la grandeur 35 incl. avec voix «maman» automatique et «Air fripon».

Tous les bébés avec costumes courts (toute la rangée supérieure) sont livrables dans la nouveauté «Chéri apprend à marcher».

Rangée inférieure seulement avec costumes longs et «Mon Bébé Chéri».

Riches et cependant de bon marché Nos. 11/1, 15/42.
Particulièrement jolis et avantageux 18/R, 13/204, 12/802.

Jolis costumes courts et crochetés en laine de toutes couleurs. Voir prix-courant.

Ab Größe 35 einschließlich mit selbsttätiger Mamastimme und „Unart".

Alle Babies mit Laufkleidchen (ganze obere Reihe) werden in der Neuheit „Liebling lernt laufen" geliefert.

Untere Reihe nur Tragkleider und „Mein Lieblings-Baby".
Reich und doch preiswert No. 11/1, 15/42.
Besonders preiswert und schön No. 18/R, 13/204, 12/802.

Preiswerte, reizende Wollhäkelkleider (Laufkleidchen) in allen Farben, siehe Preisliste

---

Desde el tamaño 35 inclusive con voz automática de «Mamá» y «Malcriada».

Todos los bebés con vestiditos de andar (toda la fila de arriba) se suministran con la novedad «Mi amorcito aprende andar».

La fila de abajo sólo con vestidos de cargar y «Mi bebé favorito».

Ricos y sin embargo módicos en precio son los Nos. 11/1, 15/42.
Especialmente módicos en precio y bonitos 18/R, 13/204, 12/802.

Encantadores y módicos vestidos tejidos de lana (vestiditos de andar) en todos los colores. Véase lista de precios.

Nur bester englischer Gummi wird in unserer Fabrikation ausschließlich verwendet. — None but the best English rubber is used in the manufacture of our articles.

En nuestra fabricación se emplea exclusivamente el mejor caucho inglés. — Pour notre fabrication nous employons exclusivement le meilleur caoutchouc anglais.

13/201   12/801   13/207   12/802   18/R   13/2/204

12/803   12/804   11/1   15/43   15/42

Preisliste Seite 32

Nach künstlerischen Entwürfen gekleidete Puppen.
Dolls dressed according to artistic designs. — Muñecas vestidas según modelos artísticos.
Poupées en vêtements en dessins artistiques.

„Liebling lernt laufen". — «Mi Liebling aprende andar». — "Darling learns to walk". — «Chéri apprend à marcher».

Deutsch

Alle Babies mit Laufkleidchen. Lebende Schelmaugen Ab Größe 35 einschließlich mit selbsttätiger Mamastimme und „Unart".

Reizende Neuheit, lieferbar seegrün und lachsfarbig No. 11/3.

Besonders preiswert und schön No. 11/4, 13/55, 12/805.

No. 12/883, 12/884 reizende Neuheiten von „Mein kleiner Liebling" mit Wimpern und Schelmaugen, Gummihänden.

English

All babies with short clothes. Lifelike roguish eyes, from size 35 inclusive saying "mama" automatically and "Naughty".

Charming novelty, delivered in sea-green and salmon-coloured No. 11/3.

A special bargain and beautiful 11/4, 13/55, 12/805.

No. 12/883, 12/884 charming novelties of "My little Darling" with eyelashes and flirting eyes, rubber hands.

Français

Tous les bébés avec costumes courts. Yeux vifs et malicieux; à partir de la grandeur 35 incl. avec voix «maman» automatique et «Air fripon».

Nouveauté charmante, livrable vert d'eau et saumon No. 11/3.

Particulièrement avantageux et jolis Nos. 11/4, 13/55, 12/805.

Nos. 12/883, 12/884 nouveautés charmantes de «Mon petit Chéri» avec cils et yeux malicieux, mains en caoutchouc.

Español

Todos los bebés con vestiditos de andar. Ojos vivos de pícaro, desde el tamaño 35 inclusive con voz automática de «Mama» y «Malcriada».

Encantadora novedad, se suministra de verde mar y color de salmón No. 11/3.

Especialmente módicos en precio y bonitos los Nos. 11/4, 13/55, 12/805.

Nos. 12/883, 12/884 encantadoras novedades de «Mi pequeño Liebling» con pestañas y ojos de pícaro, manos de goma elástica.

31

1 (Mauseli)

22 (Susi)

55

2 (Schnucki)

12/884

11/4

11/3

12/806

Preisliste Seite 32

12/805

12/883

Nach künstlerischen Entwürfen gekleidete Puppen.

Muñecas vestidas según modelos artísticos. — Dolls dressed according to artistic designs.
Poupées en vêtements en dessins artistiques.

„Mein kleiner Liebling". — «Mi pequeño Liebling». — "My little Darling". — «Mon petit Chéri».

In der neuen schlanken Form. Mit lebenden Schelmaugen und Gummihänden.

Mit großen, schönen Seidenschleifen, die fertig montiert separat geliefert werden, wo die Zollverhältnisse solches vorschreiben.

Besonders preiswert und schön
sind die No. 12/878, 12/876, 12/880, 12/873.

Reiches, farbenfrohes Sortiment in guten Strickkleidern, siehe Preisliste.

In the new slender form. With lifelike roguish eyes and rubber hands.

With beautiful large silk ribbons, ready tied but delivered separately when thus prescribed by the Customs Authorities.

Special bargain and beautiful
Nos. 12/878, 12/876, 12/880, 12/873.

Rich assortment of good knitted dresses in bright colours, see price-list.

De la nueva y esbelta forma. Con ojos vivos de pícaro y manos de goma eslástica.

Con grandes y bonitos lazos de seda, ya compuestos y listos se suministran por separado, cuando las tarifas aduanales lo hacen conveniente.

Especialmente módicos en precio y bonitos
son los Nos. 12/878, 12/876, 12/880, 12/873.

Surtido rico de alegres colores de buenos vestidos tejidos, véase lista de precios.

Dans la nouvelle forme gracile. Avec yeux vifs et malicieux et mains en caoutchouc.

Avec jolis gros noeuds en soie, qui sont livrés séparément déjà tout montés, si les douanes le prescrivent.

Particulièrement jolis et avantageux
les Nos. 12/878, 12/876, 12/880, 12/873.

Riche assortiment en jolies couleurs de bons costumes tricotés, voir prix-courant.

13/630

13/605

13/304

12/880

12/876

12/878

12/871

12/873

12/875

12/877

12/879

12/882

Preisliste Seite 32

Nach künstlerischen Entwürfen gekleidete Puppen.

Muñecas vestidas según modelos artísticos. — Dolls dressed according to artistic designs.
Poupées en vêtements en dessins artistiques.

„Mein neuer Liebling" mit lebenden Schelmaugen und Gummihänden.
« Mi nuevo Liebling » con ojos vivos de pícaro y manos de goma elástica.
"My new Darling" with lifelike roguish eyes and rubber hands.
« Mon nouveau Chéri » avec yeux vifs et malicieux et mains en caoutchouc.

Die reizende schlanke Puppe, die moderne Linie, der süße Mädchenkopf, allerfeinstes Biskuitporzellan.

Besonders preiswerte Seidenkleider lieferbar in Größen No. 53, 62, 70. Die No. 13/124, 13/125, 13/126, 13/127.

Lieferbar in allen Größen:

Die reizenden, eleganten Neuheiten 12/1319, 11/11, 11/13.
Die besonders preiswerten Neuheiten 12/1318, 12/1317.

La muñeca encantadora y esbelta de delineado moderno y deliciosa cabeza de muchacha de finísima porcelana.

Vestidos de seda especialmente módicos en precio, se suministran en los tamaños 53, 62 y 70. Los Nos. 13/124, 13/125, 13/126, 13/127.

Se suministran de todos los tamaños:

Las encantadoras y elegantes novedades 12/1319, 11/11 y 11/13.
Las novedades especialmente módicas 12/1318, 12/1317.

Nur bester englischer Gummi wird in unserer Fabrikation ausschließlich verwendet.
En nuestra fabricación se emplea exclusivamente el mejor caucho inglés.

The charming slender doll, the modern line, the sweet little girl's head, very finest biscuit.

Special bargain in silk dresses delivered in sizes 53, 62 y 70. Nos. 13/124, 13/125, 13/126, 13/127.

Delivered in all sizes:

The charming and elegant novelties 12/1319, 11/11 and 11/13.
The special bargain novelties 12/1318, 12/1317.

La jolie poupée gracile, la ligne moderne, la charmante tête de fille, biscuit de première qualité.

Vêtements en soie particulièrement avantageux, livrables dans les grandeurs 53, 62 et 70. Les Nos. 13/124, 13/125, 13/126, 13/127.

Livrables dans toutes les grandeurs:

Les charmantes nouveautés élégantes 12/1319, 11/11 et 11/13.
Les nouveautés particulièrement avantageuses 12/1318, 12/1317.

None but the best English rubber is used in the manufacture of our articles.
Pour notre fabrication nous employons exclusivement le meilleur caoutchouc anglais.

127

126

125

124

12/1319

12/1317

11/13

11/11

11/10

12/1318

11/14

Preisliste Seite 34

Nach künstlerischen Entwürfen gekleidete Puppen.

Muñecas vestidas según modelos artísticos. — Dolls dressed according to artistic designs.

Poupées en vêtements en dessins artistiques.

„Mein neuer Liebling" mit lebenden Schelmaugen und Gummihänden.

« Mi nuevo Liebling » con ojos vivos de pícaro y manos de goma elástica.

"My new Darling" with lifelike roguish eyes and rubber hands.

« Mon nouveau Chéri » avec yeux vifs et malicieux et mains en caoutchouc.

The charming slender doll, the modern line, the sweet little girl's head, very finest biscuit.

Special novelties for the year 1927, charming and a special bargain:
No. 12/1312, 12/1313, 12/1314, 12/1315, 12/1316.

Elegant dresses from Paris models:
16/1304, 16/1306, 16/1307.

Die reizende schlanke Puppe, die moderne Linie, der süße Mädchenkopf, allerfeinstes Biskuitporzellan.

Besondere Neuheiten des Jahres 1927, reizend und besonders preiswert:
No. 12/1312, 12/1313, 12/1314, 12/1315, 12/1316.

Elegante Kleider nach Pariser Modellen:
16/1304, 16/1306, 16/1307.

La jolie poupée gracile, la ligne moderne, la charmante tête de fille, biscuit de première qualité.

Nouveautés particulières de l'année 1927, charmantes et particulièrement avantageuses:
No. 12/1312, 12/1313, 12/1314, 12/1315, 12/1316.

Vêtements élégants d'après les modèles de Paris:
16/1304, 16/1306, 16/1307.

La muñeca encantadora y esbelta de delineado moderno y deliciosa cabeza de muchacha de finísima porcelana.

Especiales novedades para el año de 1927, encantadoras y especialmente módicas en precio:
Nos. 12/1312, 12/1313, 12/1314, 12/1315, 12/1316.

Vestidos elegantes según modelos parisienses:
16/1304, 16/1306, 16/1307.

16/1304
12/1314
12/1313
12/1312
12/1311

16/1307
16/1306
12/1316
16/1305
12/1315

Preisliste Seite 34

Nach künstlerischen Entwürfen gekleidete Puppen.

Muñecas vestidas según modelos artísticos. — Dolls dressed according to artistic designs.
Poupées en vêtements en dessins artistiques.

„Mein neuer Liebling" mit lebenden Schelmaugen und Gummihänden.
«Mi nuevo Liebling» con ojos vivos de pícaro y manos de goma elástica.
"My new Darling" with lifelike roguish eyes and rubber hands.
«Mon nouveau Chéri» avec yeux vifs et malicieux et mains en caoutchouc.

Die reizende schlanke Puppe, die moderne Linie, der süße Mädchenkopf, allerfeinstes Biskuitporzellan.

Mantelkleider, Komplets und Kleider mit Mantel in vornehmer und gediegener Ausführung.

Nach Pariser Modellen gearbeitet
in Tuch die No. 16/1301, 16/1303, besonders vornehm 15/32/33,
in Seide die No. 15/27/28, 16/1302,
in Samt und Seide No. 15/38/39.

Besonders preiswert in Filztuch No. 16/1273, 16/1279.

Entzückend die Mäntel mit Hut 15/36, 12/840, 15/30, 12/839, die auch allein geliefert werden.

The charming slender doll, the modern line, the sweet little girl's head, very finest biscuit.

Mantle dresses, completes, and dresses with mantles in high class and substantial finish.

Made from Paris models
in cloth No. 16/1301, 16/1303, specially fine 15/32/33,
in silk No. 15/27/28, 16/1302,
in velvet and silk 15/38/39.

Special bargain in felt cloth No. 16/1273, 16/1279.

Charming mantle with hat 15/36, 12/840, 15/30, 12/839, which are also delivered separately.

La jolie poupée gracile, la ligne moderne, la charmante tête de fille, biscuit de première qualité.

Costumes à manteaux, complets et vêtements avec manteau de jolie façon finie.

Travaillés d'après les modèles de Paris
en drap les Nos. 16/1301, 16/1303 particulièrement élégants 15/32/33,
en soie les Nos. 15/27/28, 16/1302,
en velours et soie 15/38/39.

Particulièrement avantageux en feutre No. 16/1273, 16/1279.

Manteaux ravissants avec chapeau 15/36, 12/840, 15/30, 12/839, qui sont également livrables séparément.

La muñeca encantadora y esbelta de delineado moderno y deliciosa cabeza de muchacha de finísima porcelana.

Vestidos de capa, trajes completos y vestidos con abrigo de acabado distinguido y bien hecho.

Trabajados según modelos parisienses
de paño los Nos. 16/1301, 16/1303, especialmente distinguido 15/32/33,
de seda los Nos. 15/17/28, 16/1302,
de terciopelo y seda 15/38/39.

Especialmente módicos en precio de paño de fieltro Nos. 16/1273, 16/1279.

Encantadoras las capas con sombrero 15/36, 12/840, 15/30, 12/839, que también se suministran solas.

16/1279 16/1301 15/32/33 16/1273 15/30/321 12/840/127 15/36/321

12/839 */401 16/1274 16/1303 15/38/39 16/1302 15/27/28

Preisliste Seite 34

Nach künstlerischen Entwürfen gekleidete Puppen.

Muñecas vestidas según modelos artísticos. — Dolls dressed according to artistic designs.
Poupées en vêtements en dessins artistiques.

„Mein neuer Liebling" mit lebenden Schelmaugen und Gummihänden.

«Mi nuevo Liebling» con ojos vivos de picaró y manos de goma elástica.

"My new Darling" with lifelike roguish eyes and rubber hands.

«Mon nouveau Chéri» avec yeux vifs et malicieux et mains en caoutchouc.

The charming slender doll, the modern line, the sweet little girl's head, very finest biscuit.

Specially advantageous and cheap Nos. 16/1283, 16/1282, 12/822, 16/1284, 18/3.

La jolie poupée gracile, la ligne moderne, la charmante tête de fille, biscuit de première qualité.

Particulièrement avantageux et bon marché sont les Nos. 16/1283, 16/1282, 12/822, 16/1284, 18/3.

Die reizende schlanke Puppe, die moderne Linie, der süße Mädchenkopf, allerfeinstes Biskuitporzellan.

Besonders vorteilhaft und preiswert sind die No. 16/1283, 16/1282, 12/822, 16/1284, 18/3.

La muñeca encantadora y esbelta de delineado moderno y deliciosa cabeza de muchacha de finísima porcelana.

Especialmente ventajosos y módicos en precios son los Nos. 16/1283, 16/1282, 12/822, 16/1284, 18/3.

Nur bester englischer Gummi wird in unserer Fabrikation ausschließlich verwendet. — None but the best English rubber is used in the manufacture of our articles.

En nuestra fabricación se emplea exclusivamente el mejor caucho inglés. — Pour notre fabrication nous employons exclusivement le meilleur caoutchouc anglais.

41

Preisliste Seite 34

Nach künstlerischen Entwürfen gekleidete Puppen.

Muñecas vestidas según modelos artísticos. — Dolls dressed according to artistic designs.
Poupées en vêtements en dessins artistiques.

„Mein neuer Liebling" mit lebenden Schelmaugen und Gummihänden.
«Mi nuevo Liebling» con ojos vivos de pícaro y manos de goma elástica.
"My new Darling" with lifelike roguish eyes and rubber hands.
«Mon nouveau Chéri» avec yeux vifs et malicieux et mains en caoutchouc.

Die reizende schlanke Puppe, die moderne Linie, der süße Mädchenkopf, allerfeinstes Biskuitporzellan.

Besonders zu empfehlen
sind die No. 16/1276, 12/825, 16/1277, 12/828,
16/1272, 12/821.

The charming slender doll, the modern line, the sweet little girl's head, very finest biscuit.

The following Nos. can be specially recommended:
16/1276, 12/825, 16/1277, 12/828,
16/1272, 12/821.

La muñeca encantadora y esbelta de delineado moderno y deliciosa cabeza de muchacha de finísima porcelana.

Se recomiendan especialmente
los No. 16/1276, 12/825, 16/1277, 12/828,
16/1272, 12/821.

La jolie poupée gracile, la ligne moderne, la charmante tête de fille, biscuit de première qualité.

Particulièrement recommandables
sont les Nos. 16/1276, 12/825, 16/1277, 12/828,
16/1272, 12/821.

43

15/21

15/22

12/834

12/836

16/1281

16/1276

12/826

12/821

16/1272

12/828

16/1277

12/830

12/825

Preisliste Seite 34

Nach künstlerischen Entwürfen gekleidete Puppen.

Muñecas vestidas según modelos artísticos. — Dolls dressed according to artistic designs.
Poupées en vêtements en dessins artistiques.

Gekleidete Zelluloidpuppen. — Niños de celuloide vestidos tan apreciados.
Dressed celluloid children. — Enfants en celluloid et habillés.

Unser überaus reiches Sortiment der so beliebten gekleideten Zelluloidkinder, mit feinsten mattlackierten Zelluloidköpfen, Schlafaugen mit Wimpern.

Da ständig Neuheiten hinzukommen, ist es vorteilhaft, diesen Artikel im Sortiment zu beziehen, laut Preisliste.

No. 16/1523, 16/1524, 16/1525 mit Wuschelhaar und 16/1521, 16/1522

mit Spielhöschen werden nicht im Sortiment geliefert.

Nuestro surtido sumamente rico de niños de celuloide vestidos tan apreciados, con cabezas finísimas de celuloide de barnizado mate, ojos de dormir y pestañas.

Como continuamente se añaden novedades, es conveniente pedir este artículo en surtido según lista de precio.

Los Nos. 16/1523, 16/1524, 16/1525 con pelo enmarañado y 16/1521, 16/1522

con calzoncitos de jugar no se suministran en el surtido.

Our exceedingly rich assortment of the highly popular dressed celluloid children, with finest dull varnished celluloid heads, sleeping eyes and eyelashes.

As novelties are constantly being added it is of advantage to order this article in assortments as per price-list.

Nos. 16/1523, 16/1524, 16/1525 with bushy hair and 16/1521, 16/1522

with short trousers are not delivered with the assortment.

Notre très riche assortiment populaire d'enfants en celluloid et habillés, avec têtes en celluloid laqué mat, yeux dormeurs avec cils.

Introduisant toujours des nouveautés, il est avantageux de se procurer cet article en assortiment d'après notre prix-courant.

Nos. 16/1523, 16/1524, 16/1525 avec cheveux crêpus et 16/1521, 16/1522

avec cuissettes ne sont pas livrables en assortiment.

45

16/1527

12/887

16/1534

14/256

16/1528

14/257

16/1521

16/1522

16/1525

16/1523

16/1524

16/1583

12/888

Preisliste Seite 33

Nach künstlerischen Entwürfen gekleidete Puppen.

Muñecas vestidas según modelos artísticos. — Dolls dressed according to artistic designs.

Poupées en vêtements en dessins artistiques.

Gekleidete Zelluloidpuppen. — Niños de celuloide vestidos tan apreciados.

Dressed celluloid children. — Enfants en celluloid et habillés.

Our exceedingly copious assortment of the highly popular dressed celluloid children with finest dull varnished celluloid heads, sleeping eyes and eyelashes.

As novelties are constantly being added it is of advantage to order this article in assortments as per price-list.

Nos. 12/885 and 12/886 are not included in the assortments.

Notre très riche assortiment populaire d'enfants en celluloid et habillés, avec têtes en celluloid laqué mat, yeux dormeurs avec cils.

Introduisant toujours des nouveautées, il est avantageux de se procurer cet article en assortiment d'après notre prix-courant.

Nos 12/885 et 12/886 ne sont pas livrables en assortiment.

Unser überaus reiches Sortiment der so beliebten gekleideten Zelluloidkinder mit feinsten mattlackierten Zelluloidköpfen, Schlafaugen mit Wimpern.

Da ständig Neuheiten hinzukommen, ist es vorteilhaft, diesen Artikel im Sortiment zu beziehen, laut Preisliste.

No. 12/885 und 12/886 werden nicht mit im Sortiment geliefert.

Nuestro surtido sumamente rico de niños de celuloide, vestidos, tan apreciados, con finísimas cabezas de celuloide de barnizado mate, ojos de dormir y pestañas.

Como continuamente se añaden novedades, es conveniente pedir este artículo en surtido según lista de precios.

Los Nos. 12/885 y 12/886 no se suministran en el surtido.

Nur bester englischer Gummi wird in unserer Fabrikation ausschließlich verwendet. — None but the best English rubber is used in the manufacture of our articles.

En nuestra fabricación se emplea exclusivamente el mejor caucho inglés. — Pour notre fabrication nous employons exclusivement le meilleur caoutchouc anglais.

47

16/1531 16/1532 12/886 12/885 16/1535 12/884 14/258

14/251 16/1529 16/1533 14/252 16/1530 14/253 14/250 14/255

Preisliste Seite 33

Nach künstlerischen Entwürfen gekleidete Puppen.

Muñecas vestidas según modelos artísticos. — Dolls dressed according to artistic designs.

Poupées en vêtements en dessins artistiques.

„Mein dicker Liebling". — «Mi gordito Liebling».

My fat little Darling" — «Mon Chéri rondelet».

Gekleidet in preiswertester Aufmachung.

Vestido de buena presentación, módica en precio.

Dressed in bargain finish.

Habillé de façon très bon marché.

Nur bester englischer Gummi wird in unserer Fabrikation ausschließlich verwendet.

En nuestra fabricación se emplea exclusivamente el mejor caucho inglés. — None but the best English rubber is used in the manufacture of our articles.

Pour notre fabrication nous employons exclusivement le meilleur caoutchouc anglais.

12/897 12/898 12/893 12/894 12/895 12/896 12/901 12/902

13/601 13/602 13/603 13/604 16/1203 16/1202 16/1201

Preisliste Seite 33

Nach künstlerischen Entwürfen gekleidete Puppen.

Muñecas vestidas según modelos artísticos. — Dolls dressed according to artistic designs.
Poupées en vêtements en dessins artistiques.

„Mein dicker Liebling". — «Mi gordito Liebling». — "My fat little Darling". — «Mon Chéri rondelet».

Gekleidet in preiswertester Aufmachung.
Vestido de buena presentación, modica en precio.
Dressed in bargain finish.
Habillé de façon très bon marché.

Kleine Mulatten gekleidet und Steifgelenkpuppen.
Pequeños mulatos vestidos y muñecas de articulación rígida.
Little Mulatto dressed and stiff-jointed dolls.
Petites créoles habillées et poupées non-articulées.

Nur bester englischer Gummi wird in unserer Fabrikation ausschließlich verwendet. — None but the best English rubber is used in the manufacture of our articles.
En nuestra fabricación se emplea exclusivamente el mejor caucho inglés. — Pour notre fabrication nous employons exclusivement le meilleur caoutchouc anglais.

51

13/3606

13/3605

13/3609

13/3608

13/3230

13/3207

12/899

12/900

13/608

13/609

13/1830

13/1833

13/1826

16/1221

13/1825

13/Ly

Preisliste Seite 33

Nach künstlerischen Entwürfen gekleidete Puppen.

Muñecas vestidas según modelos artísticos. — Dolls dressed according to artistic designs.

Poupées en vêtements en dessins artistiques.

Gekleidete Steifgelenkpuppen. — Muñecas de articulación rigida, vestidas.

Dressed stiff-jointed dolls. — Poupées non-articulées habillées.

Unser beachtenswert reiches Sortiment gekleideter Steifgelenkpuppen zu Einheitspreisen.

Reizende Aufmachung zu billigsten Preisen.

Nuestro llamativo y rico surtido de muñecas de articulación rigida, vestidas, a un solo precio.

Encantadora presentación a precios baratísimos.

Our remarkable assortment of dressed stiff-jointed dolls at uniform prices.

Charming make-up at lowest prices.

Notre riche et remarquable assortiment de poupées non-articulées habillées aux prix uniques.

Charmante façon à des prix très avantageux.

Nur bester englischer Gummi wird in unserer Fabrikation ausschließlich verwendet. — None but the best English rubber is used in the manufacture of our articles.

En nuestra fabricación se emplea exclusivamente el mejor caucho inglés. — Pour notre fabrication nous employons exclusivement le meilleur caoutchouc anglais.

53

16/1227 16/1225 16/1228 16/1229 16/1223 16/1226 13/1822 16/1231

13/1841 13/1838 13/1828 16/1230 16/1222 13/1834 16/1224 13/1840

Preisliste Seite 33

Nach künstlerischen Entwürfen gekleidete Puppen.

Muñecas vestidas según modelos artísticos. — Dolls dressed according to artistic designs.

Poupées en vêtements en dessins artistiques.

„Mein dicker Liebling" und Steifgelenkpuppen.

«Mi gordito Liebling» y muñecas de articulación rígida.

"My fat little Darling" and stiff-jointed dolls.

«Mon Chéri rondelet» et poupées non-articulées.

Die letzten gekleideten Neuheiten.

Las últimas novedades de muñecas vestidas.

The latest dressed novelties.

Les dernières nouveautés habillées.

Teepuppenköpfe. — Cabezas para las llamadas Muñecas de té.

Heads for tea cosies. — Têtes pour cosets.

Nur bester englischer Gummi wird in unserer Fabrikation ausschließlich verwendet.

En nuestra fabricación se emplea exclusivamente el mejor caucho inglés. — None but the best English rubber is used in the manufacture of our articles.

Pour notre fabrication nous employons exclusivement le meilleur caoutchouc anglais.

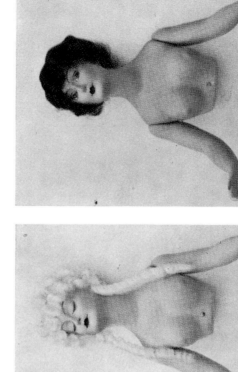

6/528

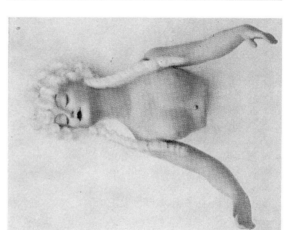

5/520

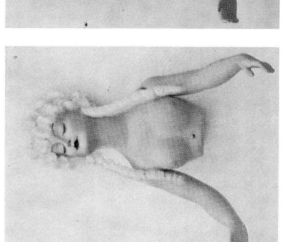

8/534

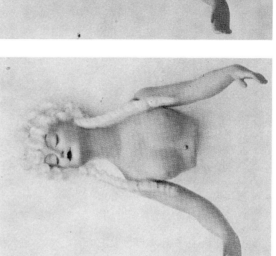

7/531

16/1236 16/1237 16/1233 16/1235 16/1234 16/1232

12/905 11/20 12/904 12/903 11/21 12/906

Preisliste Seite 33 und 35

Teepuppenköpfe — Cabezas para las llamadas Muñecas de té.
Heads for Tea Cosies — Têtes pour Cosets.

Aus haltbarer Porzellanmasse hergestellt. Reizende neue und die beliebten alten Modelle.

Mattlackiert und auf das Beste gemalt. Arme mit Gummischnur liegen lose bei, einfache Montage nach Fertigstellung der Puppe.

Auch unsere Flaschenkorke, die bei keiner frohen Tafelrunde fehlen sollten, haben sich gut eingeführt.

Hechas de durable masa° de porcelana. De encantadores modelos modernos y de los apreciados antiguos modelos.

De barnizado mate y muy bien pintadas. Brazos con elástico se adjuntan sueltos, montaje sencillo al haberse hecho la muñeca.

También nuestros corchos para botellas, que no debían faltar en ningún banquete alegre, han tenido mucha demanda.

Made of durable china. Charming new models and the popular old ones.

Dull varnished and excellently painted. Arms with elastic included loose and are easy to attach when the doll is finished.

Our Bottle Corks, which should never be missing at any party, have also proved very popular.

Fabriquées de porcelaine durable. Charmantes nouveautés et les anciens modèles populaires.

Laquées mat et très bien peintes. Bras avec élastique sont à part, montage simple après finission de la poupée.

Nos bouchons à bouteilles, qui ne doivent manquer à aucune tablée joyeuse, jouissent également d'un joli succès.

57

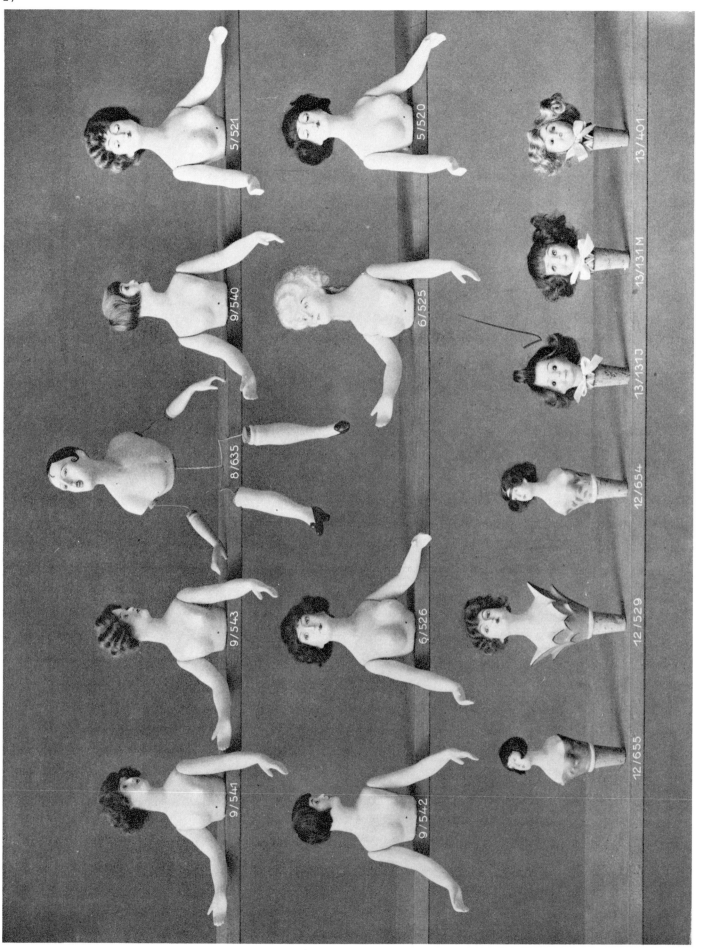

5/521

5/520

13/401

9/540

6/525

13/131 M

13/131 J

8/635

12/654

9/543

6/526

12/529

9/541

9/542

12/655

Preisliste Seite 35

Hochoriginelle Charakterfiguren.

Federleicht, Drahtgestell, Filztuchkleidung, Stoffgesichte. Höhe ca. 33 cm, 80 Gramm Gewicht.

Figuras de carácter sumamente originales.

Ligerísimas, armazón de alambre, vestidas de paño de fieltro, con caras de tela. Alto aprox. 33 cm, Peso 80 grámos.

Highly original Character Dolls.

Light as a feather, wire frame, felt cloth dresses, cloth faces. Height abt. 33 cm, Weight 80 grammes.

Modèles tres originels de poupées caractéristiques.

Très légères, monture en fil, vêtements en feutre, visages en patte. Grandeur env. de 33 cm, Poids 80 gr.

Untere Reihe: — Filas de abajo: — Bottom rows: — Rangées inférieures:
Unsere bekannten Tuchfiguren.—Nuestras conocidas figuras de paño.—Our well-known cloth dolls.—Nos poupées en patte très connues.

Mit Charakterköpfen aus haltbarstem Material, fein mattlackiert und gut gemalt, beweglich durch Draht in Armen und Beinen. Alle Berufsgattungen können geliefert werden. Bei Einsendung von Buntvorlagen werden bei größeren Aufträgen auch die Berufe und Militärs anderer Städte, Länder und Staaten ausgeführt. Die einzig praktischen, schönen und doch preiswerten Figuren für: Automobile, Wagen, Straßenbahnen, Eisenbahnen, Werkstätten, Küchen, Kaufläden, Feuerwehrwagen, Besatzung von Geschützen und Schiffen und vieles andere.

Bezeichnung:
Eisenbahner, Militär, Matrosen, Feuerwehr = 1800
Autofahrer, Flieger = 1600
Jockey, ab Größe 1½ einschl. mit farbiger Seidenbluse = 1691J
Alle anderen Berufsarten = 1690

Con cabezas de carácter de material durable, de fino barnizado mate y bien pintados, movibles por alambre las piernas y brazos. Pueden suministrarse de todos los oficios. Al mandarnos dibujos de color y haciendose pedidos mayores se hacen también de oficios y de militares de otras ciudades, países y Estados. Las únicas prácticas, hermosas y sin embargo módicas figuras para: automóviles, coches, tranvías, ferrocarriles, talleres, cocinas, tiendas, carros de bomberos, tripulación de cañones y buques y muchas otras.

Designación:
Ferrocarrileros, militares, marineros, bomberos = 1800
Automovilistas, aviadores = 1600
Jinetes, desde el tamaño 1½, inclus. con blusa de seda de color = 1691J
Todos los demás oficios = 1690

With character heads of most durable material, fine dull varnished and well painted, movable by means of wires in arms and legs. Dolls representing all professions and trades can be delivered. For large orders also trades and soldiery of other nations can be delivered if coloured illustrations are sent in. The only practical and beautiful dolls of good value for: Motor cars, trams, trains, workshops, kitchens, shops, fire brigades, Cannoniers and sailors and many others.

Marks:
Railway-men, soldiers, sailors, firemen = 1800
Chauffeurs, airmen = 1600
Jockeys, from size 1½ inclusive with coloured blouse = 1691J
All other professions = 1690

Avec têtes caractéristiques de matériel durable, laqué mat et proprement peint, movables au moyen de fil dans les bras et les jambes. Tous les genres de professions peuvent être livrés. Sur présentation d'illustrations colorées nous sommes à même de livrer également pour de grandes commandes les genres de professions et de militaires d'autres villes et pays. Les uniques jolis modèles pratiques et cependant bon marché pour: automobiles, voitures, tramways, trains, ateliers, cuisines, magasins, pompiers, canonniers, matelots et beaucoup d'autres sortes.

Marques:
Personel de trains, soldats, matelots, pompiers = 1800
Chauffeurs, aviateurs = 1600
Jockeys, à partir de la grand.1½, incl. avec blouse en soie colorée = 1691J
Tous les autres genres de professions = 1690

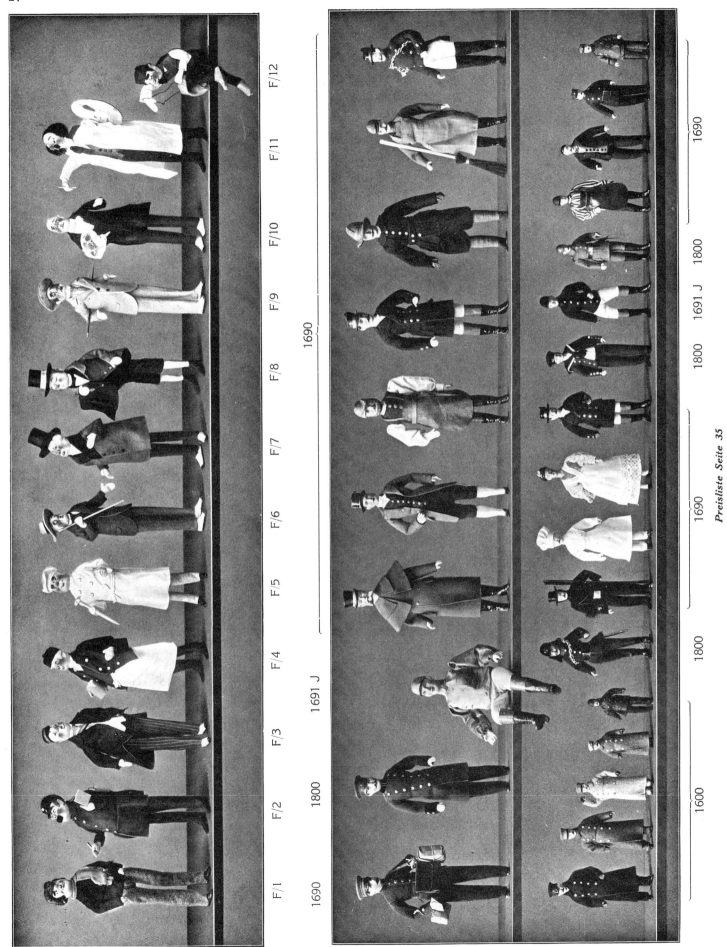

F/1 F/2 F/3 F/4 F/5 F/6 F/7 F/8 F/9 F/10 F/11 F/12

1690 1800 1691 J 1690

1690 1800 1691 J 1690 1800 1800 1691 J 1800 1690

1600 1800 1690 1690

Preisliste Seite 35

Schuhe für Puppen. Feinste Qualität.

Zapatos para muñecas de superior calidad.

Shoes for dolls of first quality.

Souliers pour poupées de meilleur qualité.

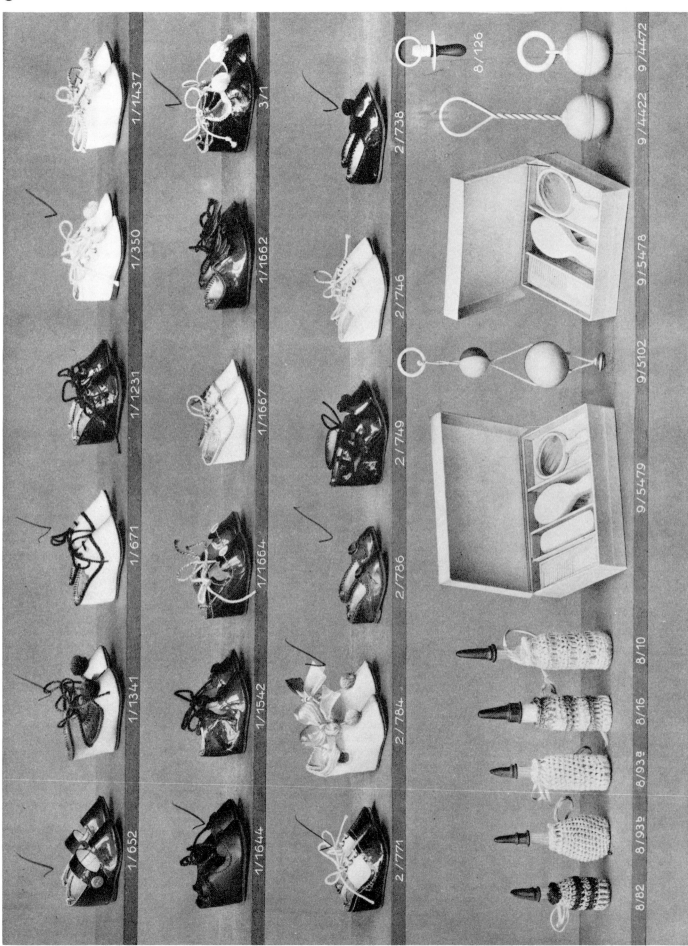

1/1437 1/350 1/1231 1/671 1/1341 1/652

3/1 1/1662 1/1667 1/1664 1/1542 1/1644

2/738 2/746 2/749 2/786 2/784 2/771

8/126

9/4472 9/4422 9/5478 9/5102 9/5479

8/10 8/16 8/93a 8/93b 8/82

Preisliste Seite 36 und 37

Wäsche und Strümpfe für Babies.

Ropa blanca y medias para bébés.

Underwears and stockings for baby dolls.

Dessous et bas pour bébés.

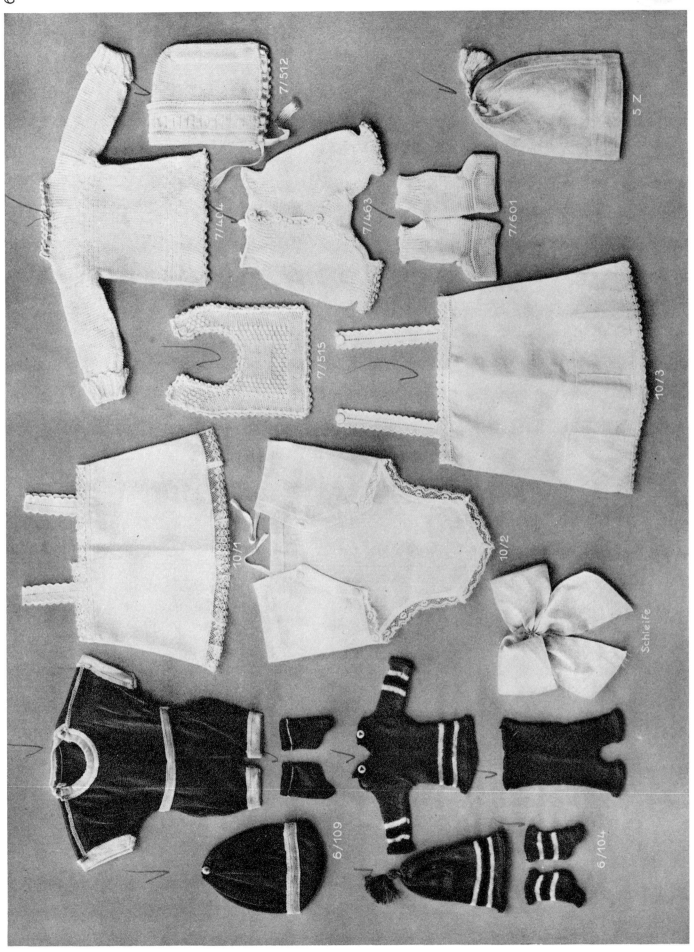

63

7/512

5 Z

7/404

7/463

7/601

7/515

10/3

10/1

10/2

Schleife

6/109

6/104

Preisliste Seite 37 und 38

Reizender Kinderspieltisch mit Stuhl.

Encantadora mesa de juego y silla para niños.

Charming play table and chair for children.

Jolie table à jouer et chaise pour des enfants.

Holzspielwaren

Juguetes de madera – Toys of wood – Jouets en bois

Garnitur Fabrikations-No. G191
Tisch allein   „   „   T192
Stuhl   „   „   „   S193

Holzspielwaren.

Das Beste, nur solide erstklassige Ausführung und doch äußerst preiswert.

Juguetes de madera de calidad superior a precios baratisimos.

Toys of wood of first quality at lowest prices.

Jouets de bois de première qualité à des prix très avantageux.

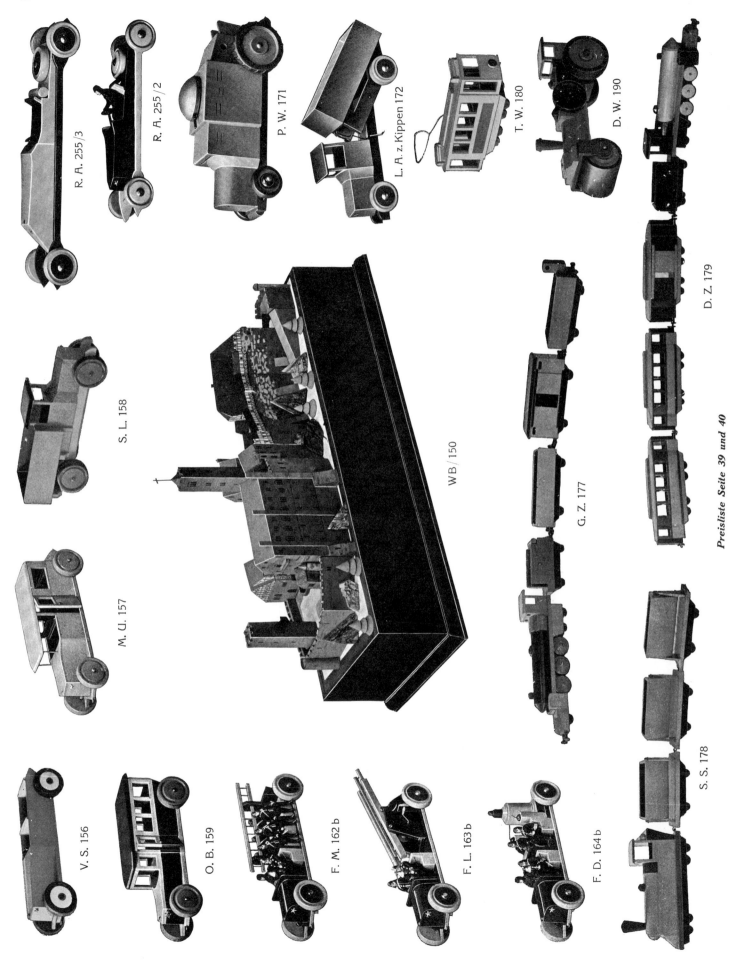

R. A. 255/3

R. A. 255/2

P. W. 171

L. A. z. Kippen 172

T. W. 180

D. W. 190

D. Z. 179

S. L. 158

M. U. 157

WB/150

G. Z. 177

V. S. 156

O. B. 159

F. M. 162 b

F. L. 163 b

F. D. 164 b

S. S. 178

Preisliste Seite 39 und 40